I libri verdi Junior

W0381648

Collana diretta da
Pino Assandri e Elena Mutti

Archimede

La redazione è stata curata da Nicoletta Monteforte Bianchi.
Il progetto grafico della collana e della copertina è opera di Marina Bardini,
il disegno di copertina di Marco Bregolato.

Referenze iconografiche: Archivio Paravia Bruno Mondadori Editori, Agenzia Marka.

È vietata la riproduzione, anche parziale o a uso interno o didattico, con qualsiasi mezzo, non autorizzata. L'editore potrà concedere a pagamento l'autorizzazione a riprodurre una porzione non superiore a un decimo del presente volume. Le richieste di riproduzione vanno inoltrate all'associazione Italiana per i Diritti di Riproduzione delle Opere (AIDRO), Corso di Porta Romana 108, 20122 Milano, posta elettronica segreteria@aidro.org.

Tutti i diritti riservati.
© 2007, Paravia Bruno Mondadori Editori

Stampato per conto della casa editrice
presso Tip.Le.Co., San Bonico (PC), Italia.

Ristampa	Anno
0 1 2 3 4 5	07 08 09 10

LIBRI DI TESTO E SUPPORTI DIDATTICI
La qualità dei processi
di progettazione, produzione
e commercializzazione
della casa editrice è certificata
in base alla norma
UNI EN ISO 9001
CISQCERT
CISQ

I LIBRI VERDI JUNIOR

NUNZIA MANICARDI

Dove osano gli skates

Quando una passione sportiva aiuta a crescere

Note e apparato didattico
di Giulia Lombardi

ARCHIMEDE

Sembra un giorno come un altro, e invece...
Quello con il quale si apre questo romanzo è il giorno in cui Filippo scopre una cosa che cambierà profondamente tutta la sua giovane vita. Questa cosa ha un nome strano e straniero: skate-board.
Proprio così: è la passione per la tavola a rotelle che spinge inizialmente il nostro protagonista a sfidare i divieti e le paure della mamma, le inevitabili prese in giro del fratello maggiore Ruggero, le tante ammaccature e i lividi su braccia e gambe che si aggiungono caduta dopo caduta, e perfino le occhiatine di compatimento della dolce Ciccia, la sua gattina bianca e nera che sullo skate – se sapesse com'è bello! – vorrebbe andarci pure lei...

Eppure questo non è un libro che parla soltanto di una passione sportiva né, tanto meno, di una passione da "maschiacci". In questo libro chiunque potrà trovare quello che vuole: ci sono ragazzi – maschi, certamente; ma anche, perché no?, femmine – che fino a ieri non si conoscevano e che adesso, incontrandosi allo skate-park, imparano a fare amicizia, a stare in compagnia, ad aiutarsi a vicenda, a rialzarsi quando cadono e a non darsi troppe arie quando sono in piedi perché, tanto, è così facile tornare a cadere da un momento all'altro. E poi... Ma sì, diciamoci la verità: quale ragazzo, con o senza skate, non vorrebbe trovarsi vicino a una deliziosa compagna di acrobazie come Rossella? E chi, tra le ragazze, non guarderebbe volentieri non una ma due, e anche tre o quattro volte, il ciuffo biondo di Filippo svolazzare in alto nel cielo tra una capovolta e l'altra?

Le giornate dei nuovi amici trascorrono (tolto naturalmente il tempo per lo studio!) tra un flip *e un* ollie, *un* grind *e un* quarter, *in mezzo ad* half-pipe *e* quarter pipe. *Obiettivo finale: la gara che vedrà competere i migliori* skaters *della città.*
Per organizzarla sarà necessario anche trovare degli sponsor, procurarsi l'abbigliamento giusto, distribuire volantini pubblicitari, preparare altre e più impegnative attrezzature.
Sarà sicuramente una domenica speciale... Ma prima di arrivare a quella fatidica giornata ne dovranno passare delle belle. Come, per esempio, riuscire a fronteggiare il "bullo" di turno, un certo Spakky, che è il terrore della scuola "Francotti" frequentata da Filippo.
Ci saranno anche incidenti in

allenamento, incontri ravvicinati con vigili urbani, con nonni pimpanti e con misteriosi sabotatori di biciclette. E poi con professori più o meno simpatici, che quelli, come si sa, nelle storie di ragazzi non mancano mai.

Ciò che noi invece ci auguriamo è che non manchino i lettori di questo libro, che si apre quasi per magia e quasi per avventura, rivelando un po' alla volta le sue tante sorprese, proprio come fa la vita che Filippo e i suoi amici, attraverso le pagine di questa storia, imparano a conoscere. Quella vita che assomiglia tanto a ciò che si prova andando sullo skate: si corre, si volteggia, si scivola, si cade, ci si rialza, e di nuovo si corre, si scivola, si volteggia...
Ma, voi, non avete mai provato?

1
Una passione a quattro ruote

Filippo aveva un'altra grande passione, oltre alla chitarra e alla musica rock. Una passione a quattro ruote e con un nome ben preciso: *skate*.

Che si scrivesse così, veramente, l'aveva imparato soltanto da poco. All'inizio aveva creduto che fosse sufficiente un semplicissimo "*scheit*" tale e quale lo si pronunciava. E così "*W LO SCHEIT*!" aveva pitturato nella sua stanza, a caratteri cubitali, con il grossissimo pennarello nero (così grosso da non riuscire quasi a tenerlo in mano) che adoperava soltanto in occasioni particolari.

"*W LO SCHEIT*!" non l'aveva scritto direttamente sul muro, è ovvio. Questa era una cosa che non solo non poteva essere fatta, ma neanche pensata.

Per evitare che cadesse in tentazione la mamma gli aveva comprato un grande pannello di sughero bordato di legno chiaro, una specie di enorme quadro vuoto con tante puntine dalla capocchia colorata piantate ai quattro lati, e gliel'aveva attaccato in camera sulla parete di fronte alla porta d'ingresso. Poi gli aveva ficcato nella mano destra il pennarellone, anch'esso comprato appositamente, e nella sinistra un pacco di fogli di carta riciclata.

«Scrivi e attacca quello che vuoi, tranne parolacce e brutti disegni!» gli aveva detto come se fosse un ordine, dopo di che se n'era andata senza fornire altre spiegazioni ma con una luce trionfante negli occhi.

Filippo ne aveva dedotto che quello che aveva appena ricevuto doveva essere un dono importante, anche se al momento non aveva saputo esattamente quale.

Dopo qualche giorno, tuttavia, aveva capito: mettere per iscritto sui grandi fogli bianchi (o, meglio, un po' giallini, trattandosi di carta riciclata) tutto quello che gli passava per la testa era una cosa meravigliosa. Perché le parole, una volta infilzate dalle puntine colorate come fossero spiedini e fissate sul sughero tenero della bacheca, diventavano quasi... vere. Le si poteva toccare con gli occhi, non solo guardare. E se erano parole di gioia, si era ancora più felici perché ti vedevi la tua felicità davanti al naso. Mentre, se erano di rabbia... la rabbia rimaneva lì, attaccata al muro, e tu ti sentivi subito meglio.

Ma a quella bacheca – e bastava sempre solo una puntina da disegno! – si potevano anche attaccare le parole della canzone preferita, il manifesto dell'Italia che stava per partecipare ai Mondiali di calcio, e Schumacher che usciva sventolando la mano dalla Ferrari ferma ai box dopo aver vinto a Imola. E i biglietti d'auguri ricevuti per l'ultimo compleanno, la caricatura della prof di matematica che Filippo aveva fatto mentre lei scriveva alla lavagna, e le istruzioni del videogioco regalato dalla zia Cecilia per la promozione in prima media, e la tessera scaduta dell'autobus per ricordarsi di comprare quella nuova... Insomma, tutto quello che uno desiderava e di cui aveva bisogno, e anche qualcosa di più. Ecco perché c'era finito anche quel "*W LO SCHEIT*!": perché Filippo si era "innamorato" (be', che cosa c'è da ridere? Ci si può innamorare anche di uno skate!) e, come tutti gli innamorati, non aveva potuto fare a meno di scrivere da qualche parte il nome della sua amata (ovvero, della tavola a rotelle). La bacheca gli era sembrata la soluzione migliore e più a portata di mano. E poiché il suo, come abbiamo detto, era un grande amore, aveva preparato una scritta gigantesca. E poiché, anche questo l'abbiamo già detto, la bacheca si trovava proprio in faccia al corridoio, Ruggero era stato praticamente costretto a vederla.

«Che cosa? Hihihihi!!! Che cosa? Hihihihi!!!» si era messo a nitrire... che era poi il suo modo di ridere.

Ruggero, per altro, non rideva quasi mai: aveva sempre la faccia aggrottata. Filippo pensava che fosse perché aveva diciassette anni e a quell'età, forse, non bisognava più ridere (ma perché, poi?). E, anche per quello che riguardava il parlare, non è che le cose andassero molto meglio, dato che Ruggero parlava tanto quanto rideva, vale a dire quasi mai.

Quando Filippo gli rivolgeva la parola – doveva pur farlo, ogni tanto: era il suo unico fratello! – egli di solito rispondeva con brevi versi animaleschi che sarebbe stato impossibile per chiunque anche soltanto tentare di tradurre. Ogni tanto però pure lui, come tutti gli esseri umani, non poteva fare a meno di parlare e, meraviglia delle meraviglie, perfino di ridere. Sembrava allora un cavallo imbizzarrito, con alte grida stridule che facevano accapponare la pelle. "Dev'essere per la mancanza di allenamento" pensava Filippo. E nei mesi precedenti, quando al posto del nitrito egli emetteva un grugnito sordo e costante, era stato ancora peggio!

Quando si accorse della scritta "*W LO SCHEIT!*", Ruggero si mise quindi a nitrire:

«Hihihiiignorante! Sei un iiiiiiiignorante!», mescolando in modo incomprensibile parole e risate.

Filippo fece l'offeso perché, oltre a non capire che cosa Ruggero dicesse, non capiva nemmeno che cosa volesse dire. Ignorante lui? Ma se aveva appena preso "distinto" in storia mentre lui, il caro fratellone, era tornato a casa con un cinque meno meno in scienze!

«Guarda un po' che cosa mi tocca vedere!» continuò l'altro. «Non lo sai che si scrive "*skate*"?»

Ah! era questo, dunque... Filippo arrossì come un fiammifero appena acceso e, di botto, gli sembrò quasi di odiarlo, quello "*scheit*" o *skate* come adesso sapeva che si doveva scrivere...

Ma poi successe un fatto che aveva del prodigioso e che egli avrebbe ricordato per tutta la vita, anche a distanza di cinquanta e più anni: Ruggero gli diede un colpo su una spalla (un colpetto del tutto innocuo, secondo le sue intenzioni, ma che gli avrebbe procurato sicuramente uno di quei lividi...) e, strizzandogli l'occhio, bofonchiò:

«Se proprio insisti, ti spiegherò qualcosa io».

"Se proprio insisti..."? Ma certo che insisteva!

Quella notte Filippo non riuscì a prender sonno dalla contentezza. Aveva saputo il nome esatto della sua amata (tavola) e suo fratello gliel'avrebbe anche fatta conoscere: che cosa avrebbe potuto desiderare di più?

Si addormentò soltanto alle prime luci dell'alba, con il cuscino fra le braccia che, nel sogno, diventò una tavola con, al di sotto, quattro rotelle e un fantastico disegno rosso e nero. Un cavallo alato che alzava le zampe scalpitando verso il cielo. Gli sembrò quasi di sentirlo nitrire...

Quando si svegliò, promise a se stesso che quello

sarebbe stato il disegno che avrebbe ornato la sua tavola da skate. Se e quando l'avesse avuta...

La passione di Filippo per lo skate era nata all'improvviso. Un giorno, per la strada, aveva visto un ragazzo sfrecciare a bordo di una tavoletta nera. Costui, un affarino magro magro con i capelli lunghetti e un minuscolo zaino che gli batteva sulla schiena ad ogni movimento, aveva saltato il bordo del marciapiede, facendo intravedere al di sotto del legno su cui poggiava i piedi un meraviglioso arabesco giallo e azzurro; aveva proseguito volteggiando sul muretto di un cortile, fatto due piroette intorno al palo della luce, quattro salti sulle buchette delle fogne, e poi si era dileguato in mezzo alla gente scomparendo con altrettanta rapidità alla sua vista. Per qualche minuto Filippo aveva creduto di averlo soltanto sognato.

Invece, neanche a farlo apposta, proprio quello stesso giorno all'ora di cena, quando gli toccava sorbirsi uno dei tanti barbosi telegiornali che il padre pretendeva oltretutto di infarcire di spiegazioni extra, avevano trasmesso un servizio su un nuovo sport che era contemporaneamente un passatempo e che, dopo avere già spopolato negli Stati Uniti e in varie altre parti del mondo, stava dilagando anche fra i giovani italiani. E come per incanto, o come per un segno del destino, si era ritrovato sotto gli occhi la fantastica tavoletta che solo poche ore prima l'aveva lasciato a bocca aperta. Da quel momento non aveva fatto altro che pensare a lei.

Filippo era "nato per lo sport", come diceva con orgoglio il padre agli amici e ai vicini di casa. Era infatti sempre stato molto agile e pieno di energie e, soprattutto, gli era sempre piaciuto correre, saltare, mettersi alla prova con qualsiasi mezzo: a piedi, in triciclo, in bicicletta... Il risultato era che la sua fronte, le braccia e le gambe mostravano una ricca collezione dei "trofei" conquistati in quei primi tredici anni di attività, per così dire, agonistica: erano le cicatrici, fortunatamente non grosse, di una vita vissuta intensamente. Ognuna di esse ricordava una prodezza[1] per la quale la mamma l'aveva

1. *prodezza*: atto coraggioso, qui usato in senso ironico.

sonoramente sgridato mentre il papà era sembrato quasi contento.

Filippo quindi non aveva nessuna paura, adesso, di provare anche lo skate. Il fatto è che non sapeva da che parte cominciare. Non conosceva nessuno che lo possedesse e nei dintorni della sua casa e della scuola non ne aveva mai visti.

Si rassegnò a pensarci ad occhi aperti, rimandando a data da destinarsi il tanto desiderato momento di salirci sopra. Del resto, si sa che a tredici anni è bello fare una cosa se la fa anche qualcuno dei tuoi amici... Come si poteva pensare di andare in skate se non solo non si aveva uno skate a disposizione ma se oltretutto non c'era neanche uno straccio di amico a guardarti?

Non avrebbe neppure saputo da che parte incominciare. Intuiva che andare in skate era una cosa in apparenza facile ma che in realtà non doveva esserlo affatto. Così si era accontentato per il momento di scrivere il suo "*W LO SCHEIT*!" e di ammirarselo appeso al muro. Finché... finché il fratello non gli aveva detto quelle incredibili parole:

«Se proprio insisti, ti spiegherò qualcosa io».

"Se proprio insisti"? Aveva detto proprio così? Ma se non aveva neanche aperto bocca!

Questo rendeva ancora più miracolosa la frase di Ruggero: che si fosse offerto spontaneamente di insegnare qualcosa a lui, e una cosa di quel genere! Filippo non stava più nella pelle dalla gioia. Improvvisamente aveva scoperto di avere un fratello.

Grip, *reil*, *paip*, *tric*, *trac*, *olli*, *flip*... Filippo non ci capiva più niente. Come aveva ragione la prof Lucchetti quando diceva che sapere l'inglese al giorno d'oggi è necessario! Soltanto adesso cominciava ad accorgersene. Per spingersi su quelle quattro rotelle, infatti, sembrava indispensabile conoscere quella lingua, e conoscerla bene. Perché, anche se lui eseguiva sempre i compiti e all'orale se la cavava bene, si rendeva conto ora che non era sufficiente.

«Te l'ho detto che sei un ignorante...» rincarò la dose ancora una volta Ruggero.

Erano seduti sul letto di Filippo e Ruggero gli stava disegnando nell'aria, con la mano, una serie di attrezzi e acrobazie che, a suo dire, costituivano il bagaglio di conoscenze fondamentali per ogni skater o aspirante tale. A Filippo vennero le lacrime agli occhi.

«Credi che potrò mai imparare?» pigolò.

Già, perché mentre il fratello nitriva invece di ridere, Filippo pigolava invece di piangere. Che fosse per questo che la mamma diceva sempre che erano due bestioline selvagge e non ancora due bravi ragazzi, come avrebbe voluto lei?

«Ma va'!» lo rincuorò Ruggero dandogli una delle sue consuete pacche sulle spalle.

"Mi verrà un altro livido" pensò Filippo. Ruggero aveva certe manacce, e certi muscolacci... La pacca però ebbe il potere di sollevargli il morale. Il fratello aveva fiducia in lui e lui non l'avrebbe deluso. Avrebbe imparato tutto, inglese compreso.

«Da dove cominciamo?» chiese alzando il mento in aria, pronto ad accettare qualunque sfida.

«Vieni con me e vedrai» disse per tutta risposta Ruggero. Anche lui, all'improvviso, aveva scoperto di avere un fratello.

Filippo giocava a pallacanestro. Sebbene fosse ancora piccolino di statura – ma tutti garantivano che, con quella benedetta "età dello sviluppo", sarebbe diventato altissimo – grazie alla sua sveltezza riusciva a conquistarsi un sacco di palloni portandoli via sotto il naso ai suoi compagni alti e grossi che, dopo solo una mezz'oretta di allenamento, si accasciavano ai bordi della palestra invocando acqua e riposo. Lui invece continuava a saettare e piroettare leggero come una piuma, senza nemmeno una goccia di sudore. Non solo: rapido come il fulmine, "fintava" e scartava gli avversari e andava immancabilmente a centrare il canestro benché, da sotto, gli sembrasse lontano come la Luna.

«Un allievo molto promettente» aveva dichiarato l'allenatore al papà. «Quando sarà cresciuto...»

In attesa della crescita che gli avrebbe permesso di diventare una star mondiale del basket, Filippo si dedicava anche alla bicicletta, al calcio, al nuoto, al judo, alla pallavolo, al calcetto, all'hockey, alla ginnastica e all'arrampicata sportiva. Era, appunto, "nato per lo sport". Ma nulla di quanto aveva già vissuto in quelle discipline gli valse l'emozione che provò quando Ruggero, quel pomeriggio, lo portò allo skate-park per la sua prima lezione "sul campo".

Ci andarono in bicicletta, seguendo la pista ciclabile inaugurata da poco che, più o meno da casa loro, portava verso la ferrovia, in mezzo a quella che un tempo era una grande pianura e che adesso appariva come una sterminata fungaia di condomini.

Fino a quel momento Filippo non aveva mai nemmeno supposto che a poche decine di metri dai binari del treno, accanto all'immenso supermercato dove i suoi andavano a fare la spesa "grossa" settimanale, ci fosse uno skate-park, e questo era successo perché lui da quelle parti non ci andava mai. Riempire il carrello di cibarie e detersivi non gli piaceva neanche un po'. Preferiva fornire alla mamma le indicazioni a voce di quello che avrebbe desiderato che lei comprasse, adducendo come pretesto per non accompagnarla interminabili ripassi di matematica e di antologia. E poi, il sabato, c'era il papà che poteva aiutarla portando su in casa, pur tra mille lamentele, sacchi e sacchettoni (ma quanto mangiavano in casa loro? Ogni volta Filippo quasi si spaventava, quando in cucina finiva assediato da una ventina di borse di plastica stracolme che, a dire della mamma, sarebbero bastate sì e no soltanto cinque o sei giorni). Non aveva mai avuto modo, perciò, di accorgersi dell'esistenza dello skate-park.

«Ci vieni spesso?» chiese al fratello che, con la sua mole grande e grossa, sbuffava sui pedali come un orso ammaestrato.

Ruggero, al contrario di Filippo, non era un tipo sportivo. Amava la vita comoda e alla bicicletta preferiva, senz'ombra di dubbio, il motorino. Solo che in quei giorni il suo era in riparazione (ci finiva almeno due volte al mese, perché Ruggero non era uno che andasse tanto per il sottile e non di rado gli capitava di perdere i pezzi per la strada!) e quindi s'era dovuto rassegnare a tornare a riprendere in mano la sua vecchia due ruote. Ma solo lui sapeva quanto gli costasse far girare quelle due ruote... Così, contrariato, rispose molto sgarbatamente:

«No, non ci vengo mai!»

Filippo rimase zitto e continuò a pedalargli dietro, stando bene attento a non sorpassarlo per non farlo arrabbiare ancora di più.

La pista ciclabile, a quell'ora, era piuttosto frequentata e non era possibile procedere affiancati. In fila indiana, in assoluto silenzio, i due fratelli arrivarono allo skate-park dove Ruggero, come per miracolo, ritrovò tutto il suo buonumore. E non poteva essere altrimenti: chiunque, anche un moribondo, si sarebbe rallegrato nel vedere quanta vita, quanto entusiasmo scorrevano su quel tovagliolo di cemento posizionato a lato del supermercato.

Era davvero un fazzoletto, niente di più. Ma su quel fazzoletto stavano allenandosi almeno quindici ragazzi di età variabile fra le loro due. E il bello è che nessuno andava a scontrarsi con l'altro. Sembrava che tutti sapessero esattamente dove e come procedere, seguendo una regola che Filippo non trovò scritta su nessun cartello, per quanto si sforzasse di cercarlo. Questa fu la cosa che più lo stupì: che ci potesse essere ordine anche senza un controllore. Sarebbe quasi potuto sembrare di essere in uno di quei famosi collegi svizzeri dove anche gli uccelli spaccano il minuto di puntualità quando intonano il loro canto nei boschi circostanti. Sarebbe potuto, sì, se non fosse stato per le "divise" che gli *skaters* indossavano e che erano quanto di più lontano si potesse immaginare dalla tenuta indossata dagli alunni di un collegio svizzero...

Il meno che si potesse notare è che i loro abiti erano stracciati. Pantaloni e magliette erano fittamente ricoperti di buchi, tanto che sarebbe stato più esatto dire che fra un buco e l'altro rimaneva un po' di stoffa. Quasi tutti avevano catene e catenelle, da una a più di dieci, che pendevano dalla cintura e che sembravano non ostacolarli affatto mentre si alzavano nell'aria quasi dovessero spiccare il volo. Uno di loro, addirittura, si fermò nel bel mezzo di una corsa, andò a frugare nello zaino appoggiato al motorino all'esterno dello spiazzo e ne estrasse un'ennesima cintura. L'agganciò dietro la schiena, lasciandola pendere sul sedere, poi riprese a correre e a saltare più leggero di prima.

«Si fa fatica, sai?» disse Ruggero.

Quando erano arrivati aveva salutato un bel po' dei

presenti, che avevano ricambiato gridandogli: «Oe', vecchio, come va?»

Erano sembrati molto contenti di vederlo e anche Filippo ne era stato contento. Si era pure raddrizzato un po' sulla schiena, come gli diceva sempre di fare la mamma. "Così guadagni due o tre centimetri" aggiungeva per convincerlo del tutto. Aveva paura che diventasse gobbo.

«Non sapevo che tu venissi qui» commentò Filippo. "Veramente, però," si rese conto mentre parlava, "che cosa ne so io di quello che fa mio fratello?" Comunque gli sembrava che avrebbe dovuto accorgersi di una cosa così evidente come quella dello skate.

Ruggero diradò la nebbia che gli avvolgeva il cervello spiegandogli:

«Sono venuto soltanto un paio di mesi qualche tempo fa, quando tu eri impegnato con il torneo di pallacanestro. Mi aveva prestato lo skate un mio amico, l'ho tenuto per un po', poi gliel'ho restituito».

«Come mai? Non ti piaceva?»

Ruggero sbuffò:

«Ma sì, mi piaceva... mi piaceva molto. Poi, però, sono dovuto andare a lavorare per la consegna delle pizze. Ti ricordi, no, quando abbiamo deciso di prendere in affitto il garage per fare le prove con il mio gruppo musicale? E poi appunto c'erano le prove... Non avevo tempo. E con la scuola... lo sai come "rompono" il papà e la mamma se vengo promosso con dei debiti».

Filippo però sapeva che c'era dell'altro. E infatti, dopo qualche secondo di silenzio, Ruggero aggiunse con noncuranza:

«Adesso ho anche altri impegni...»

Filippo sapeva di che tipo di impegni si trattava: l'aveva pure visto, una volta, per mano con quell'"impegno". Si chiamava Elisa, era bionda e molto carina e, da un certo punto di vista, poteva piacere anche più dello skate...

In quel momento si fermò accanto a loro, con grande frastuono, un ragazzo dai capelli rossi, alto circa come Ruggero e ben piazzato anche lui, ma più giovane. Doveva avere una quindicina d'anni. Prima di arrestarsi del tutto, diede un rapido colpo di piede sulla tavola, che si sollevò come per un gioco di prestigio fin quasi all'altezza del naso di Filippo. Il rosso però fu rapido ad acchiapparla al volo e a mettersela sottobraccio, cosicché Filippo non fece neppure in tempo a temere di trovarsela sbattuta in faccia.

«Ciao» disse ad entrambi il nuovo venuto.

«Oh, Franci, come va?» lo salutò Ruggero cordialmente.

Dovevano essere molto amici, perché gli rifilò addirittura due pacche sulle spalle, e di quelle del tipo più poderoso. L'altro, per tutta risposta, gli tirò un cazzotto sugli addominali.

Filippo guardava e prendeva nota. Avrebbe dovuto fare al più presto un po' di palestra, se fra qualche anno avesse voluto essere in grado di salutare come si deve i propri amici...

Franci, come egli aveva supposto, aveva soltanto quindici anni, ma conosceva da tempo Ruggero.

«Era bravo, sai, a *slaidare*. E anche a *grindare*» disse a Filippo indicandogli il fratello mentre abbassava la voce come se gli confidasse un segreto. Ma, pensò Filippo, per quel che riguardava lui Franci avrebbe potuto anche gridare con quanto fiato aveva in gola: tanto, che cosa ne sapeva di che cosa volessero dire *slaidare* e *grindare*?

Rimase zitto con un mezzo sorriso sulle labbra, sperando di non far troppo la figura dello stupido.

Di parlare, del resto, non ne aveva voglia. Era concentrato ad ammirare quello che gli altri *skaters* stavano facendo. A dir la verità, non sapeva da che parte guardare. Essi giravano in circolo a una velocità già di per sé non indifferente, poi ogni tanto uno di loro, o anche più di uno insieme, spiccava un salto portandosi dietro la tavoletta che Filippo non riusciva neanche lontanamente a immaginare come potesse restare pressoché attaccata ai piedi. E che dire poi di quando si mettevano a scivolare su un tubo di metallo lungo quattro o cinque metri, sempre facendoci passare sopra lo skate?

Non ancora appagati, alcuni facevano addirittura... le scale. Sì, proprio così: al centro del parchetto c'era una specie di scaletta di legno dai gradini molto larghi e loro la percorrevano di qua e di là, salendo e scendendo. Con lo skate, s'intende... Ancora più difficile, e perfino pericoloso, parve a Filippo il loro venir giù da una specie di pendio di metallo – tanto liscio che il sole gli strappava lampi accecanti – per acquistare velocità e poi risalire dalla parte opposta, in alto in alto, avanti e indietro, indietro e avanti, senza tregua e compiendo intanto saltelli, giravolte e balzi di ogni genere. Lui manco ci sarebbe riuscito a piedi, figuriamoci poi con quella tavola appresso! Eppure loro ci riuscivano. Filippo desiderò con tutte le sue forze di riuscirci anche lui.

«Be', allora, se vuoi dargli qualche dritta...»

Sembrava quasi che Ruggero stesse appoggiando un pacco da qualche parte, ma Filippo non se ne ebbe a male anche se il "pacco" era lui. Aveva trovato infatti nientemeno che... il maestro di skate.

«Certo, vecchio, per me sarà un vero piacere. Vero, Filippo?» annuì Franci.

Filippo non riuscì a dire nient'altro che sì con la testa. E con un grande sorriso di riconoscenza. Due ore prima era ancora lì con il suo "*W LO SCHEIT*!" attaccato in bacheca e adesso... stava concordando un appuntamento per il pomeriggio seguente, per la sua prima lezione! Ma... c'era un piccolo particolare: lui non aveva uno skate!

«Nessun problema; ti presterò il mio, quello che non uso più. È un po' lento, ma per iniziare va benissimo» lo rassicurò Franci. «Ci vediamo qui domani alle quattro. Va bene?»

Altro che, se andava bene! Avrebbe cominciato a fare i compiti per dopodomani non appena rincasato, così avrebbe avuto il via libera di sicuro.

«Grazie...» sussurrò a Franci. Ma l'altro si era già allontanato, slanciandosi su per il pendio di metallo fino alla sommità.

Filippo lo vide lassù, tutto circondato di luce solare, con i capelli rossi fiammeggianti come un cerchio di fuoco, le braccia alzate per darsi la spinta. Un attimo, e già era dalla parte opposta, piegato sulle ginocchia, con la tavola che gli roteava sotto i piedi. La sua, sotto, aveva disegni d'argento. Anch'essa risplendeva, quando i raggi del sole la colpivano.

Tutto quel tripudio di oro e d'argento finì per sconvolgere definitivamente Filippo. Inforcò la bicicletta per far ritorno a casa talmente assorto in quel paradiso ad occhi aperti che Ruggero arrivò a fraintendere e, tutto arrabbiato, mentre filavano sulla pista ciclabile gli gridò:

«Accidenti, non sei mai contento! Ho trovato il modo per farti imparare, ti ho trovato anche lo skate, e tu te ne stai lì senza dire una parola...»

Allora Filippo fece d'istinto una cosa che lasciò di stucco non solo il fratello ma anche se stesso. Allungò la pedalata, si portò accanto a Ruggero e, dandogli una pacca sulle spalle (non troppo forte, però, perché l'altro non cadesse dalla bicicletta, e poi anche perché i suoi muscoletti non gli avrebbero comunque consentito di farlo), gli disse con un vocione che non si era mai sentito:

«Bravo, vecchio! Non te ne pentirai!»

analisi del capitolo 1
a pagina 158

2
Il parchetto di cemento

«Oh, finalmente!» Filippo depose con un grosso sospiro di sollievo la matita e la squadra e contemplò con aria critica il suo capolavoro: il professore di tecnica avrebbe sicuramente trovato da ridire (non gli andava mai bene niente!) ma almeno il disegno geometrico era stato fatto.

Ciccia, la sua gatta bianca e nera che dormiva sotto il tavolino, gli gettò un'occhiataccia. "Ma perché quando ti muovi devi sempre fare tutto questo rumore?" sembrava che gli chiedesse arricciando infastidita il nasino umido e rosa. Fatica sprecata: non fece in tempo a rimettersi placidamente a dormire che Filippo era già in cortile, intento a slegare la sua bicicletta dalla rastrelliera dove la teneva parcheggiata.

Anche nel cortile di casa, purtroppo, ormai arrivavano i ladri e non avevano pietà di niente e di nessuno, nemmeno della bicicletta di un ragazzino di tredici anni.

Era stata il suo regalo di compleanno dell'anno precedente e i suoi, già che c'erano, per non fare un doppione di spesa avevano preferito comprargliela praticamente "definitiva", come aveva dichiarato il babbo. «Così ti durerà anche da adulto» aveva aggiunto. Capirai... Era una responsabilità fin troppo grande che, in un certo senso, gli aveva un po' guastato la gioia del dono. Come si fa a essere sicuri che non ti rubino una bella bicicletta nuova da quando hai dodici anni fino a quando non sarai adulto? Filippo non faceva altro che legarla e slegarla. Era più il tempo che passava a trafficare con il lucchetto e la chiavetta che non a pedalare. Finora, comunque, nessuno aveva ancora provato a portargliela via. «E se ci provano...» disse rabbuiandosi al solo pensiero.

Ma poi gli venne in mente quello che l'attendeva e un rapido sorriso prese il posto della ruga anti-ladro che gli aveva solcato la fronte. Le quattro meno un quarto... Ancora quindici minuti soltanto e per lui avrebbe avuto inizio una nuova vita. Una vita da skater.

Si mise a pedalare canticchiando senza accorgersene. E, anche se non ci fosse stato lo skate-park ad aspettarlo in fondo alla pista ciclabile, avrebbe canticchiato ugualmente, tanto la giornata era piacevole. Marzo, il marzo pazzerello che era pure il suo mese di nascita, era durato anche troppo quell'anno, con il suo vento ancora gonfio di pioggia e di freddo, e adesso che aveva lasciato il posto a un aprile insolitamente mite e soleggiato nessuno lo rimpiangeva.

Il sole scaldava talmente tanto che avrebbe potuto appesantire la pedalata se la pista ciclabile non fosse stata fiancheggiata da entrambi i lati da filari di giovani aceri che, con le loro ombre ancora sottili ma già piuttosto fitte, impedivano ai raggi di bersagliare direttamente i ciclisti che passavano di lì. Così, quando arrivò allo skate-park, Filippo era fresco come una rosa (senza dimenticare il fatto che lui non si stancava mai).

Franci, che lo aspettava nello stesso posto in cui si erano lasciati il giorno precedente, se ne accorse subito:

«Sei in forma, eh?» osservò.

Filippo gonfiò il petto.

«Tu dici?» chiese con falsa modestia.

«Eh, lo dico sì! Vediamo di cominciare, allora, visto che sei così pronto...» esclamò il suo compagno, e gli gettò di colpo, senza alcun preavviso, qualcosa sotto i piedi. Era lo skate che Filippo aspettava. Certo non è che l'aspettasse proprio così...

Fece appena in tempo a saltare per evitare che gli arrivasse negli stinchi. Poi, per arrestarne la corsa, lo fermò con un piede. Lo skate si accucciò docile come il cagnolino della signora Marta – quella che abitava al primo piano –, che la mamma non mancava mai di citare a lui e al fratello come il massimo esempio vivente di ubbidienza.

«Urca!» fu tutto quello che Filippo riuscì a dire. Non sapeva se arrabbiarsi o ridere.

«Questa è la lezione numero uno» sentenziò Franci. «Per fare uno skater ci vogliono occhio, piede e cuore.»

"Accidenti," pensò Filippo un po' intimorito, "le cose

si fanno subito complicate.” Ci sarebbe riuscito? Non sarebbe stato meglio smettere prima ancora di cominciare?

Immediatamente, però, gli venne in mente di come finora fosse riuscito bene in tutti gli sport. E questo perché? Perché aveva sempre creduto in quello che faceva.

“Farò così anche questa volta” si ripropose. E poi, a pensarci bene, che cosa gli mancava? L’occhio l’aveva, e l’aveva appena dimostrato; il piede anche, e quanto al cuore… Se lo sentiva battere come una locomotiva a tutto vapore.

«Occhio, piede e cuore. Certo, che problema c’è?» disse con aria di sufficienza. «Se un uomo non possiede queste cose, a che cosa serve vivere?»

Franci lo guardò con aperta ammirazione e Filippo sentì, in quell’occhiata, di essere cresciuto ben più dei tre centimetri che guadagnava alzando la schiena per non diventare gobbo.

Franci gli fece vedere come doveva fare a spingersi, sia con il piede destro che con quello sinistro.

«Devi imparare a usarli tutti e due allo stesso modo» si raccomandò.

Non era particolarmente difficile, ma soltanto fino a quando si andava diritto. Nel momento, infatti, in cui Filippo cercò di voltare, lo skate gli scappò via per conto suo ed egli riuscì a stento ad evitare di fare un capitombolo.

«Sei troppo rigido!» gli gridò Franci che invece stava disegnando figure su figure con la medesima flessuosità di un pattinatore sul ghiaccio.

Ma, anche al secondo tentativo che Filippo fece, lo skate partì a razzo sotto il suo naso e, ahimè, con risultati ben peggiori della prima volta. Nel tentativo di afferrarlo prima di farselo sfuggire definitivamente egli perse l’equilibrio e, senza alcuna pietà per il proprio posteriore, cadde con un gran tonfo sul cemento che, oltretutto, era caldo bollente.

«Ahi!» gli sfuggì con una smorfia di dolore e disappunto.

Gli sembrava di avere una frittella al posto delle natiche. Se fosse capitato a un altro, si sarebbe messo sicuramente a ridere. Ma siccome era capitato a lui…

Vedeva se stesso come se fosse contemporaneamente il protagonista e lo spettatore di una di quelle vecchie comiche mute in bianco e nero, con i cartelli con le spiegazioni, che ogni tanto vengono trasmesse in televisione durante le vacanze di Natale.

Franci, se non altro, ebbe il buon gusto di non dire niente e soprattutto, anche se certamente ne aveva voglia, di non ridere.

In quel momento a Filippo venne in mente una frase che il nonno Sergio amava ripetergli spesso: «Quando sbagli, riprova subito. Non dar tempo all'errore di metter radici dentro di te».

Era una frase che egli non aveva mai capito del tutto. "Ma come, se uno sbaglia deve anche riprovare, con il rischio di commettere lo stesso errore una seconda volta?" si era sempre chiesto. Adesso però quelle parole sembravano indicargli l'unica cosa da fare: quale alternativa aveva, infatti? Restituire lo skate a Franci e tornarsene a casa in bicicletta?

Si avviò a recuperare mogio mogio la tavola che era andata a finire a parecchi metri di distanza e ritornò, portandosela sotto il braccio, nello stesso identico punto dove aveva commesso lo sbaglio. Appoggiò le quattro ruote al suolo con la stessa solennità con la quale Vieri avrebbe appoggiato sul terreno il pallone decisivo per dare all'Italia la vittoria ai Mondiali e poi si concentrò al massimo, chiudendo gli occhi per qualche istante prima di darsi la spinta. Leggero, leggero, doveva essere leggero come una piuma, come una libellula, come uno dei tanti piumini dei pioppi che scendevano volteggiando come neve di primavera intorno allo spiazzo…

E finalmente, con quell'immagine di poesia dentro di sé, Filippo colse appieno la bellezza del movimento che andava a fare e il suo corpo, senza opporre resistenza, accompagnò la tavola mentre questa, sinuosa come un cigno, si piegava a destra e a manca[1] secondo la sua volontà.

«Bravo, bravissimo!» urlò Franci.

Si era fermato a guardarlo in mezzo alla piazzola,

1. *a destra e a manca*: a destra e a sinistra. La parola *manca* indica propriamente la mano e la parte sinistra.

con il ciuffo rosso che gli andava su e giù per l'entusiasmo. Stavolta a Filippo fece venire in mente la cresta di un gallo, gonfio d'orgoglio. E, da pulcino nero, si sentì all'improvviso un bell'anatroccolo...

Uno accanto all'altro, skatarono per un po' sulla circonferenza dell'anello di cemento. Franci ogni tanto si allontanava per eseguire qualche salto, mentre Filippo si limitava a continuare a mettere alla prova il suo senso di equilibrio. Ma, se uno li avesse visti, li avrebbe presi per quello che erano già diventati: due amici che giravano in skate. Anche Filippo, adesso, era "uno di loro".

«Ora devi assolutamente imparare a fare l'ollie.»

Franci guardò Filippo aspettando che dicesse di sì. Certo, certo che egli aveva voglia di imparare a fare l'*ollie*: ma... che cos'era?

«L'ollie è il salto» spiegò il ragazzo. E glielo fece vedere: bisognava imparare a saltare in alto con le gambe portandosi dietro anche la tavola.

Questo era per Filippo uno dei grandi misteri dello skate. Da quando aveva scoperto quello sport, la prima cosa di cui non era riuscito a farsi una ragione era stata proprio quella: com'era possibile far sollevare da terra la tavola come se ubbidisse al tocco di una bacchetta magica?

«Scarpe grosse e *grip*» sintetizzò Franci.

Egli – Filippo se n'era accorto quasi subito – aveva un modo di insegnare completamente diverso da quello dei suoi professori. Mentre questi impiegavano ore e ore, per non dire un intero quadrimestre, per spiegare un'unica cosa, Franci spiegava moltissime cose con un'unica parola, o al massimo due o tre. Il che voleva dire che, per un ragazzo, egli era un insegnante perfetto. Ma in questa occasione le parole usate da Franci erano forse davvero troppo poche... "Scarpe grosse e grip" va bene, ma poi? Come faceva la tavoletta a ubbidire alla tua volontà? E, tra parentesi, che cos'era il *grip*?

Vedendo la sua faccia perplessa, Franci gli fece cenno di seguirlo. Andarono al bordo dello spiazzo, dove un altro ragazzino stava trafficando a testa in giù sopra uno skate.

«Ciao, Marco» gli disse Franci.

Marco sollevò gli occhi e ricambiò il saluto con un ampio sorriso, mettendo così in mostra una bocca riempita all'inverosimile dal più mostruoso apparecchio ortodontico che Filippo avesse mai visto. Era un campionario inesauribile di placchette di metallo posizionate su ogni dente possibile e immaginabile, senza contare il filo che li teneva serrati tutti insieme e il supporto di metallo che gli girava intorno alla testa. "Uno skater bionico" pensò Filippo con un incontrollato moto di terrore.

Anche lui, di lì a qualche settimana, avrebbe dovuto infilarsi in bocca uno di quegli strumenti di tortura e neanche per un attimo volle prendere in considerazione l'idea che potesse essere simile a quello. "Mai, piuttosto la morte!" si disse. Anche se quest'ultima soluzione, però, non è che gli fosse più gradita dell'altra...

Marco, nonostante la macchina infernale che teneva in bocca, appariva tranquillo e gentile. Aveva i capelli castano chiari con sfumature bionde e occhi azzurri dolci e ombreggiati da lunghe ciglia che gli davano un'aria un po' sognante. Tutto l'opposto di Franci che, benché fosse anch'egli molto educato, sembrava fatto di una pasta più nervosetta. Ma forse, considerò Filippo, era solo un'impressione data da tutto quel rosso che gli si agitava sulla testa.

«Stai cambiando il grip?» domandò Franci a Marco.

«Sì» rispose il ragazzino, di nuovo a testa in giù tutto indaffarato.

A Filippo sembrava che parlassero una lingua di un altro mondo e per un attimo, soffermandosi ancora sulle tante placchette sopra i denti di Marco, questi gli sembrò davvero un alieno capitato per caso in quello skatepark, lontano migliaia di anni-luce dal suo pianeta.

Fu però solo l'illusione di un attimo: ormai lo sapeva anche lui che quello dello skate era un mondo segreto con un proprio linguaggio solo per iniziati. Se voleva farne parte, doveva imparare a capire quella lingua (che in ogni caso, si rese conto, aveva sempre a che fare con il solito inglese della prof Lucchetti). Stette quindi bene attento per cercare di penetrare almeno il segreto che andava sotto il nome di *grip*.

«Carta vetrata?!»

Tutto qua? Proprio così: quando finalmente Filippo scoprì che cosa fosse il grip, ne fu quasi deluso. Altro non era, infatti, che un foglio di carta vetrata sagomato come la tavola, sulla quale andava attaccato dopo aver tolto la pellicola protettiva che ne ricopriva la parte incollante. Né più né meno che un normale adesivo, dunque.

«Ma è una cosa della massima importanza» si affrettò a spiegare Marco, quasi avesse intuito la sua sottile delusione. «È questo strato di carta vetrata attaccato al di sopra della tavola che fa sì che le suole delle scarpe possano portarsela su durante il salto.»

Giusto! Era una cosa di una tale semplicità... Come aveva fatto a non pensarci prima? Non c'era nessuna magia, soltanto una superficie ruvida e "incollante" che ti portavi dietro quasi senza volere. Un po' come quando in autunno ti si appiccicano le foglie sotto le suole delle scarpe e tu, per quanto ti metta a sbattere i piedi per farle staccare, te le devi portar dietro con il loro "ciack ciack".

«Ci vogliono però le scarpe adatte. Il grip può non essere sufficiente da solo» aggiunse Franci.

Scarpe da ginnastica a "banda larga", dunque. Con la suola cioè bella ampia, solida, una sorta di ventosa che risucchiasse la tavola e ti ci facesse volare in cielo come su un tappeto volante. Filippo si preoccupò subito: spese in vista...

«Bisogna comprarle apposta?» disse riferendosi a queste fantomatiche "scarpe da skate".

«No, no» fecero in coro Franci e Marco. Anche loro, dalla prontezza della risposta, dei gran soldi da parte non dovevano averne... «È sufficiente un paio di scarpe da ginnastica comuni, però con queste caratteristiche.»

Filippo fece rapidamente l'inventario di quanto si trovava dentro lo sgabuzzino dove lui e Ruggero tenevano le scarpe, quello che – tanto per essere chiari – la mamma chiamava "l'armadio delle puzze". Loro due ci ridevano sopra, ma sotto sotto se ne avevano anche un po' a male. Oh, ma si è mai visto che una ventina di paia di scarpe da ragazzo accatastate le une sopra le altre possano far profumo di violette e di lillà? Lui e il fratello facevano del loro meglio, ma è anche vero che a volte loro stessi dovevano affrettarsi a richiudere lo sportello se non volevano svenire oppure, nella migliore delle ipotesi, dovevano cercare il paio giusto tenendosi il naso turato con le dita...

Bene, in mezzo a quel campionario di "scarpe vissute" Filippo si ricordò di un paio che era stato di Ruggero, ma che poi quest'ultimo non aveva mai messo chissà per quale capriccio, facendole così passare di numero. Non essendo mai state usate, erano andate in eredità a lui.

"Ormai dovrebbero essere della mia misura" ricordò Filippo. Larghe e con le suole ben incise – a quanto gli sembrava di ricordare –, sarebbero andate benissimo. E poi erano di un bel colore rosso, con i lacci in tinta, e sul nero dello skate avrebbero fatto una magnifica figura. Avrebbe avuto qualcosa di rosso anche lui da sventolare, così come il suo nuovo amico Franci aveva il suo bel ciuffo di capelli: solo che quello l'aveva in alto, mentre lui l'avrebbe avuto... in basso!

Se Filippo credeva che la lezione di skate fosse finita con un semplice ollie, doveva ricredersi immediatamente. Franci non gli dava tregua; sembrava che dovesse insegnargli tutto ma proprio tutto in quel giorno. Ma lui non si tirava certo indietro. Non aveva tanto desiderato imparare? Eccolo accontentato! E quindi, subito dopo l'ollie, toccò al *giamp* che, come Franci gli spiegò, si scriveva però *jump* (e Filippo gliene fu immediatamente grato perché così gli impedì di fare la seconda figuraccia da quando aveva scritto "*scheit*"...).

«Lo so, lo so che cos'è il jump! Ce ne ha parlato anche la prof di musica!» esclamò allora tutto contento.

Franci e Marco rimasero a bocca aperta per lo stupore per un tempo che sembrò interminabile. Il primo a riaversi fu Marco, che domandò:

«La prof di musica? Sa fare il jump anche lei?»

«Sì» rispose in fretta Filippo, desideroso di spiegarsi. «Cioè, no» si corresse ancora più velocemente quando a Marco, per la meraviglia, quasi si staccò l'apparecchio dai denti. Non aveva mai sentito dire di una prof di musica che andasse in skate e che, oltretutto, sapesse fare il jump!

Il fatto è, come finalmente Filippo riuscì a raccontare ai suoi amici, che la prof Trallucci aveva insegnato proprio quella mattina una canzone in inglese niente affatto male che si poteva cantare accompagnandola con il battito delle mani e che diceva proprio così: "*Giamp daun, torn araund...*", anche se sul libro di testo c'era scritto "*Jump down, turn around...*".

«*Turn around*? Ma non vuol dire "gira intorno"? Allora parla anche dell'ollie centottanta!» interruppe Franci dando un'occhiata da intenditore a Marco.

«Che non sia piuttosto un flip!» obiettò quest'ultimo. Dopo di che tutti e due si rivolsero verso Filippo chiedendogli con impazienza:

«Su, presto, come continua la canzone?»

Filippo arrossì mentre sussurrava:

«*Pick a beile of cotton...*»

Se lo ricordava bene quel verso dove "*beile*" in realtà era scritto *bale*, che andava tradotto con "balla" come in italiano. E, anche se non voleva dire "balla" come intendono i ragazzini di tredici anni, aveva fatto ridere lo stesso tutta la classe tanto che la prof Trallucci, dopo aver invano tentato di riportare l'ordine, aveva finito per mettere su a tutto volume il cd con la "Marcia dell'Aida" per coprire i loro schiamazzi fino al suono della campanella.

«*Pick a bale of cotton*?» gridarono ora ad alta voce Franci e Marco. «E quale figurazione è? Non ne abbiamo mai sentito parlare! È una cosa nuova? Viene dall'America?»

Erano tanto smaniosi di avere informazioni sul "*pick a bale of cotton*" che dai due tranquilli ragazzini che erano stati fino a quel momento sembravano essersi trasformati in due pazzi furiosi.

«Vuol dire "Raccogli una balla di cotone"...» li informò Filippo facendosi piccino piccino. «È la quantità di cotone che uno schiavo negro doveva raccogliere ogni giorno nella piantagione dove lavorava. Questo dice la canzone, adesso che ci penso bene.»

Era proprio così: la canzone che aveva imparato quel mattino a scuola era un *work-song*, cioè un canto di lavoro dei neri d'America. E il *jump down* non voleva dire altro che "salta giù", nel senso di "sbrigati a venire a lavorare"... Un *jump* ben diverso, quindi, da quello che presumibilmente doveva servire per lo skate!

A Filippo venne quasi da piangere per l'umiliazione.

Aveva voluto far bella figura con i suoi due amici e invece aveva rimediato soltanto una figuraccia. Una tripla figuraccia, a dirla tutta: quella dell'ignorante in skate, in inglese e anche... in musica! E ancora peggio sarebbe stato se l'avesse saputo Ruggero...

«Nella vita bisogna essere umili» l'ammonì Franci.

«Che cosa vuol dire esattamente?» chiese Marco.

«Non lo so con precisione,» rispose l'altro, «però credo comunque che sia una cosa da non dimenticare.»

Rimaneva ancora da spiegare che cosa fossero l'*ollie centottanta* e il *flip* di cui avevano parlato i due *skaters*. Per il *jump*, visti i precedenti, tutti e tre preferirono rimandare alla volta successiva.

Prima Franci e poi Marco fornirono a Filippo una dimostrazione pratica. Il primo eseguì un perfetto ollie centottanta, cioè un mezzo giro in volo con la tavola; l'altro un altrettanto perfetto flip, che consisteva nel far ruotare la tavola su se stessa mentre ci si saltava sopra.

«Non ci riuscirò mai...» si commiserò Filippo prendendosi la testa fra le mani.

Proprio in quell'istante gli passò davanti un fuscellino di bambinetto che a malapena doveva far sì e no la prima media.

E non appena, neanche a farlo apposta, fu davanti a lui, questo bambinetto cominciò a frullare su se stesso come un passerotto morsicato dalla tarantola, dapprima avvitandosi mentre sollevava le gambe fino al mento e poi fermandosi all'improvviso e girando il corpo da una parte e dall'altra mentre la tavola, sotto i suoi piedi, sembrava di gomma.

«Vedi?» gli indicò Franci. «Se ci riescono anche i poppanti, vuoi non riuscirci tu?»

Il "poppante", che aveva sentito la frase poco gentile, gli fece la linguaccia e si allontanò con un'altra serie di salti impressionanti che finalmente scossero Filippo dal proprio torpore.

"Dov'è finito" si disse per darsi coraggio "l'uomo tutto d'un pezzo che hai sempre detto di essere? Ricordi? Occhio, piede e... cuore. Avanti, tira fuori il cuore che è giunto il momento!"

A queste parole sentì gonfiarsi il petto di un irresistibile formicolio e, afferrata la tavola che nel precedente momento di sconforto aveva messo da un lato, la riportò in posizione.

«Proverò il flip» decise ad alta voce.

«Bene, così si fa!» approvarono gli altri due. E si diedero da fare per mostrargli come doveva colpirla con il piede sulla parte terminale posteriore per farla saltare in aria e roteare su se stessa.

Filippo guardò con la massima attenzione. Memorizzò ogni movimento, anche il più piccolo gesto. Saggiò la tavola con il piede, ci molleggiò sopra quattro o cinque volte, vide che si fletteva proprio come aveva visto fare a quella di Franci e di Marco. Allora alzò il ginocchio e calò il piede con quanta forza aveva. La tavola fece il salto che doveva andare a fare ma, com'è come non è, invece di roteare andò a colpire esattamente... la sua fronte! Se fosse stata guidata da un radar non avrebbe potuto centrarlo meglio...

«Uh, che male, uh, che male!» sbraitò il malcapitato senza alcun ritegno.

Gli amici gli si affollarono intorno tutti preoccupati, ma il dolore era così forte che gli impediva anche soltanto di aprire gli occhi. Meno male, però, che non si era rotto niente. Filippo si aspettava infatti di sentir sgorgare il sangue come un fiume in piena ma, quando si decise infine a sbirciare fra le dita, non vide niente di niente, se non la scia luccicante lasciata dalle proprie lacrime.

«Ti ha colpito di piatto e non di taglio; è per questo che non ti si è squarciata la fronte» disse Franci con crudo realismo.

«Ti verrà soltanto un enorme bernoccolo» aggiunse Marco come incoraggiamento.

E fu proprio così: nonostante le cure infermieristiche prestate dai due ragazzi – che consistettero per altro solo nel premere sulla botta un fazzolettino di carta bagnato con l'acqua della fontanella – nel giro di pochi minuti a Filippo spuntò un bozzo che sembrava un uovo sodo. Oltretutto era piantato nel bel mezzo della fronte e all'altezza del naso per cui, quando finalmente si decise ad aprire del tutto gli occhi, gli sembrò anche di essere diventato strabico la qual cosa, quando salì in sella alla sua bicicletta per tornare a casa, gli creò non pochi problemi.

Per capire bene la terribile prova che l'attendeva nel percorrere a ritroso la pista ciclabile che l'avrebbe riportato a casa è bene ricordare infatti che aveva:

1 una frittella al posto del sedere,
2 un uovo sodo in mezzo agli occhi,
3 uno skate sul manubrio,
4 la testa sfrigolante di ollie, grip, jump e flip,
e, come se non bastasse, anche... una ruota bucata!

Eh, già, perché non è forse vero che le disgrazie non vengono mai da sole?

Eppure, nonostante tutto, quando riuscì finalmente a guadagnare il rifugio sicuro della propria camera – sulla cui bacheca campeggiava adesso un ancor più grande e correttissimo "*W LO SKATE*!" – Filippo, nel percepire il mostruoso bernoccolo che continuava a crescergli sulla fronte, si sentì come un cercatore d'oro che avesse portato a casa una pepita da cento chili (e più o meno così il bernoccolo doveva pesare).

Restava il problema di spiegare alla mamma come, dove, quando, perché e con chi se lo fosse procurato. Qualcosa, nel profondo dell'animo, gli consigliava di non far parola dello skate. Ma allora... avrebbe forse dovuto dirle una bugia?

analisi del capitolo 2
a pagina 162

3

Le bugie hanno le gambe corte

E venne l'ora di cena. Quella sera c'erano le cotolette, che Filippo adorava (ma che, in casa sua, venivano purtroppo "sciupate" dall'immancabile contorno di spinaci o bietole, tanto che egli era perfino arrivato a supporre che la cotoletta fosse in realtà una scusa per fargli mangiare queste verdure cotte che altrimenti avrebbe disdegnato). Contrariamente al solito, però, l'odorino stuzzicante che proveniva dalla cucina non gli fece venir fame. E anche quando si trovò davanti il piatto con quella prelibata pietanza avvolta in una crosticina ancora dorata e croccante, rimase a testa bassa e a bocca chiusa.

Un atteggiamento così insolito non poteva, naturalmente, passare inosservato.

Egli, del resto, non sapeva cos'altro inventarsi per non far vedere il bernoccolo. Non avrebbe mica potuto gridare dal corridoio che usciva per andare a cena al ristorante e poi rientrare tre giorni dopo, quando il bozzo fosse scomparso! E comunque, anche senza sollevare la fronte, la bugna era così grossa che la si vedeva lo stesso.

«Filippo...» attaccò infatti la mamma. Quando partiva così alla lontana era segno che aveva intenzione di andare molto avanti. Un po' come se si preparasse per un lungo viaggio.

Filippo si rannicchiò ancora di più dietro il bicchiere. Ma che riparo poteva offrirgli di fronte alle occhiate materne che lo stavano scrutando con tanta attenzione? Gli sembrava quasi di sentir suonare una sirena d'allarme!

«Fa' un po' vedere, Filippo...» insistette la mamma. «Alza la fronte, da bravo. Mi sembra che tu... Ah! Aiuto, oddio, che cos'è?»

Ecco, era fatta: aveva individuato il bernoccolo. E adesso? Filippo si aggrappò al tovagliolo. Non aveva la più pallida idea di quello che sarebbe successo e, men che meno, di quello che avrebbe detto. Ma già le dita esperte gli avevano fatto tirar su con decisione il mento e lo stavano tastando con delicatezza su tutta la superficie della testa alla ricerca di traumi e fratture. Non trovando niente, la mamma lo sollevò allora di peso dalla sedia per trascinarlo sotto la luce del lampadario dove nuovamente lo passò in rassegna, anche questa volta non trovando niente ma pure continuando a esclamare a intermittenza:

«Ma guarda un po' che roba! Ma guarda un po' che roba! Potevi morire, lo sai che potevi morire?»

Filippo, per precauzione, incrociò le dita dietro la schiena.

Il papà e Ruggero nel frattempo, dopo avergli dedicato un'occhiata distratta, si erano buttati senza ritegno a mangiare la loro cotoletta. E pure Filippo, adesso, avrebbe voluto fare altrettanto, non ultimo perché temeva che il fratello, con la scusa che lui stava male, potesse divorare anche la sua. Non sarebbe mica stata la prima volta!

Ma stava arrivando a grandi passi il momento delle spiegazioni… e non si poteva più sfuggire. Così Filippo aprì la bocca, sì, ma per inghiottire l'amaro boccone della bugia.

«Ho sbattuto contro un ramo basso mentre stavo andando a casa di Alessandro in bicicletta» mentì senza guardare in faccia la mamma. Non gli piaceva dire le bugie, tanto meno a lei. Però quel qualcosa dentro continuava a suggerirgli che fosse meglio non parlare dello skate.

«E tu non l'hai visto?» si arrabbiò lei. «Ho un figlio così rimbambito che non si accorge di un ramo davanti agli occhi? Quante volte ti ho detto che devi stare attento quando vai in bicicletta? Lo sai quanti pericoli ci sono sulla strada?»

«Ma io ero sulla pista ciclabile…»

«Ancora peggio! La pista ciclabile è meno sicura della strada!» concluse la mamma con una delle sue tipiche conclusioni illogiche che tirava fuori ogni volta che era arrabbiata. E dire che era tanto intelligente, quando voleva…

Ma Filippo non era nelle condizioni di controbattere.

Si lasciò applicare la pomata sulla fronte e promise che d'ora in poi avrebbe prestato più attenzione altrimenti, in caso di nuovo bernoccolo, si sarebbe preso anche un bello schiaffone.

Il giorno dopo, terminati i compiti di matematica e la relazione di storia dell'arte, giunse nuovamente il momento tanto atteso.

Un'occhiata all'orologio gli confermò che erano le quattro. Doveva ancora fare un tema, è vero, ma come si fa a scrivere un tema su che cosa vuoi fare da grande alle quattro di una magnifica giornata di sole, nel mese d'aprile, quando ti attendono in uno skate-park per insegnarti a volare? Il tema l'avrebbe fatto prima di andare a letto, senza dir niente a nessuno. Ed era anche sicuro che gli sarebbe venuto pure meglio che non se l'avesse fatto adesso.

Recuperò lo skate che aveva lasciato in cantina e rifece la strada del giorno innanzi. Questa volta gli sembrò più corta e già familiare.

Franci e Marco erano in pista, impegnati in alcune prodezze.

Filippo li ammirò a lungo prima che loro si accorgessero di lui. Allora vennero a fermarglisi accanto, con gli occhi ancora brillanti e il petto ansimante per gli sforzi appena conclusi.

«Ciao, tutto bene?» chiese Franci indicando il bernoccolo.

Era viola, giallo e verde, adesso, con qualche sfumatura marrone che lo faceva assomigliare a una pesca marcia. Ci avrebbe messo ben più di tre giorni a sparire del tutto, ma Filippo era pronto a beccarsene altri pur di rimettersi alla prova immediatamente.

«Cominciamo?» propose impaziente. E si lanciò in alcuni ollie che strapparono grida di approvazione agli amici.

Quel secondo giorno andò sicuramente meglio in tutti i sensi. La tavola sembrava essere addomesticata e ubbidiva ai suoi ordini senza fare bizze. Non che egli facesse chissà cosa, per la verità; si limitava ai saltelli più semplici, a qualche scivolata, a una corsa da un capo all'altro dello spiazzo. Pure ogni volta si sentiva più sicuro e, più che temere la paura del fallimento, godeva ora il piacere del successo.

Tentò nuovamente anche il flip, stando molto attento

a tenere naso, fronte e testa lontani dalla tavola. Non gli riuscì immediatamente, perché in effetti non era poi così facile. Ma alla fine di una lunga serie di tentativi, bene o male, anche lui fu in grado di far roteare la propria tavola senza bisogno di... far arrivare l'ambulanza a sirene spiegate!

«Chi vi ha procurato queste strutture?»

I tre ragazzi avevano fatto una breve sosta per dissetarsi alla fontanella che si trovava di fianco al confinante parcheggio per autovetture. Filippo voleva porre quella domanda già dalla prima volta, ma poi gli era passata di mente.

Le strutture a cui si riferiva erano i tubi di metallo, le lamiere ricurve e le incastellature in legno sulle quali gli *skaters* si allenavano e che erano posizionate intorno e in mezzo alla piazzola a intervalli regolari, in modo che fosse possibile passare con facilità dall'una all'altra disegnando un percorso lineare ma nello stesso tempo irto di difficoltà di vario livello. Qualcuno doveva pur averle messe lì anche se, a uno che non se ne intendesse, sarebbero potute sembrare più avanzi di un magazzino di cose vecchie che non attrezzature sportive. Per lo skate, però, erano proprio quello che occorreva.

Marco finì di bere e si asciugò la bocca con il dorso della mano. L'apparecchio per i denti brillava sotto il sole con tutti i suoi componenti metallici. Ma come faceva a mangiare, si chiese Filippo, visto che era un apparecchio fisso? Era così magro... Avrebbe dovuto rinunciare anche lui a nutrirsi per colpa di quel morso tecnologico?

«Ce le siamo costruite noi» rispose l'altro, tutto fiero.

«E come avete fatto?» A Filippo sembrava un lavoro da falegname esperto, non da ragazzini.

«Abbiamo cominciato un po' alla volta, con qualche pezzo di legno inchiodato insieme che, però, ogni volta che ci saltavamo sopra si spezzava o si staccava. Ti ricordi, eh, Franci?» rievocò l'altro ridendo.

Franci si mise a ridere anche lui:

«Mi ricordo eccome. Quella volta, per esempio, che Maurizio è finito dentro il jump piccolo di legno, quando l'ha sfondato con quel salto formidabile...»

«E quando Andrea è passato sul "ponte" e, nel tornare indietro dopo la girata, non ha più trovato le assi sotto i piedi perché erano tutte cadute...»

I due ragazzi ridevano a crepapelle a rammentare le passate disavventure, per fortuna conclusesi tutte senza danni.

Per un attimo Filippo si sentì escluso. Sarebbe stato bellissimo far parte di quel "cerchio magico" che univa i due ragazzi e i loro compagni fra di loro. Far parte di un gruppo vero... Come gli sarebbe piaciuto! Ma di un gruppo legato da qualcosa di profondo, qualcosa di voluto e creato da loro stessi... qualcosa di molto diverso dall'appartenere alla classe scolastica formata dal caso e dalla volontà dei professori o alla squadra sportiva messa insieme dalle esigenze dell'allenatore.

Tornando indietro verso il parchetto in mezzo a Franci e a Marco che continuavano a ridere e a richiamare alla mente nomi ed episodi che soltanto loro conoscevano, Filippo capì con chiarezza ciò che fino a quel momento aveva soltanto intuito, e cioè che lo skate non era solo una tavoletta con quattro ruote fissate sotto ma anche un modo di vivere e di sentirsi uniti.

«Adesso però abbiamo pure uno sponsor» disse all'improvviso una voce alle loro spalle.

Filippo, incuriosito, si voltò per vedere chi avesse parlato. Era un ragazzino più o meno della sua età, con un berrettino giallo con la visiera a righe di un giallo più scuro sotto la quale si intravedevano capelli neri, un po' ricci, e un paio d'occhi ancora più neri. I denti, per sua fortuna bene allineati senza bisogno di apparecchio, splendevano candidi sulla faccia abbronzata. La dentatura non era l'unica fortuna che il nuovo arrivato mostrava: egli, si rese subito conto Filippo, doveva avere una di quelle carnagioni che diventano scure dopo soltanto cinque minuti di esposizione al sole, senza bisogno di far troppo ricorso a tutte le creme protettive con le quali invece la mamma lo impataccava quando andavano al mare e che lo facevano sentire come un arrostino ben condito pronto per essere infilato nel forno.

«Oh, Simone, ci sei anche tu? Non ti avevamo ancora visto» lo salutò Franci.

«Sono stato raffreddato e i miei hanno voluto tenermi a casa in riguardo. Una "pizza" che non vi dico!» raccontò questo Simone, che a Filippo risultò immediatamente simpatico.

Ma quello che aveva detto l'aveva molto stupito: possibile che quei ragazzini avessero anche uno sponsor? E per far cosa, poi?

«Lo sponsor è Gigi, quello del negozio "MelArancia". Lo conosci?» gli spiegò il nuovo compagno.

No, Filippo non conosceva personalmente quel ragazzo allampanato[1] con gli occhialini rotondi, però sapeva bene di quale negozio stessero parlando. Era uno di quelli più amati da tutti gli adolescenti della città e, fra loro, anche da Ruggero, che periodicamente metteva in croce la mamma per potervi comprare qualche maglietta o un paio di certi jeans di cui, a quanto pareva, soltanto "MelArancia" disponeva. Lei faceva sempre un sacco di storie prima di dire, ogni tanto, di sì, perché i capi d'abbigliamento in vendita in quel negozio erano piuttosto cari. Si trattava di cose all'ultima moda e di marche famose che si facevano pagare profumatamente per il solo fatto di esistere. Ma era questo il bello di averle: non il fatto che costassero molto, è evidente, ma che fossero proprio di "quelle" marche (e non le imitazioni vendute sulle bancarelle che la mamma, credendo di essere astuta, cercava di convincere Ruggero a comprare, sostenendo che fossero identiche agli originali).

«Preferisco avere una maglietta sola come dico io che non cinquanta "clonate" o senza sugo» diceva sempre Ruggero. Intendendo dire che non voleva mettere le magliette copiate o, ancora peggio, quelle senza marchio che la mamma gli comprava in stock dove capitava. Tanto che lei aveva finito per rassegnarsi anche perché effettivamente egli si faceva bastare, e a lungo, quello che desiderava tanto comprare.

E come dargli torto? Le magliette e i jeans di "MelArancia" avevano qualcosa di diverso da tutti gli altri. Erano più belli, stavano meglio indosso e tutti i

1. *allampanato*: alto e magrissimo.

tuoi amici si accorgevano che li avevi e ti facevano i complimenti. Mentre con quegli altri... era peggio che andare in giro nudi!

«E così dunque Gigi è il vostro sponsor...» rifletté Filippo. Non capiva però che cosa, all'atto pratico, questo volesse dire.

«È una cosa semplicissima» gli spiegò Simone. «Lui ci finanzia la costruzione delle strutture e la loro manutenzione e noi in cambio lasciamo che lui ci scriva sopra il suo nome. Vedi? Guarda qua!» e gli indicò con il dito la scritta "MelArancia" che, a ben vedere, ornava l'estremità di uno dei tubi su cui poc'anzi Marco si era destreggiato con tanta abilità.

«Ma non si nota quasi niente!» obiettò Filippo.

Era vero: la scritta, quasi nera sul tubo di metallo anch'esso scurissimo, non era una di quelle pacchiane[2] che ti aggrediscono, per esempio, dalle fiancate degli autobus, tanto che tu da lontano non sai neanche più riconoscere se è davvero l'autobus che devi prendere o non piuttosto un gigantesco pannello pubblicitario di un nuovo grande magazzino (tanto che a volte questa indecisione ti fa perdere la corsa!). Questa scritta, invece, bisognava volerla vedere. Scoprirla, quasi, in mezzo a quelle strutture così spartane.[3] A una prima occhiata, quella scritta era quanto di più lontano si potesse immaginare da ciò che abitualmente si intende con il nome di pubblicità.

«Tanto gli altri non la devono mica vedere» chiarì Simone. «L'importante è che siamo noi a sapere che c'è.»

«In che senso?»

«Nel senso che è sufficiente che lo sappiamo noi *skaters* che la "MelArancia" esiste e ci sostiene. Che bisogno c'è degli altri? Siamo noi stessi che ci facciamo il passaparola.»

Allora Filippo comprese un'altra, ennesima nuova cosa: che perfino lo sponsor, in quel mondo segreto di tavole e rotelle, ubbidiva a regole diverse da quelle abituali. E "MelArancia" diventò immediatamente, anche per lui, una sorta di parola d'ordine per aprire una

2. *pacchiane*: vistose, volgari, appariscenti.

3. *spartane*: rigorose, essenziali, semplici.

porta che nessun altro, oltre a loro, avrebbe mai potuto vedere, né tanto meno aprire. Peccato però che lui non possedesse niente, neppure una canottiera, che provenisse da quel negozio...

Questo era un altro dei crucci di Filippo: a parte il fatto di non possedere lo skate (e per fortuna che Franci gliel'aveva prestato) e di aver detto una bugia alla mamma (una cosa, questa, che gli faceva venire una stretta allo stomaco ogni volta che ci pensava, rovinandogli la gioia di trovarsi lì), si era accorto immediatamente di essere vestito in modo assolutamente inadatto al luogo in cui si trovava e a quello che lì era andato a fare.

La maglietta che fino a quel momento gli era abbastanza piaciuta e i jeans sui quali non si era mai soffermato più di tanto gli apparivano ora all'improvviso ridicoli e inadeguati, peggio che se si fosse presentato a skatare in abito da sera, con farfallino e bretelle.

L'unica cosa che si salvava era l'ex paio di scarpe di Ruggero, che aveva recuperato la sera dopo una disgustosa ricerca dentro l'"armadio delle puzze" e che davvero si stavano rivelando molto utili per la grande aderenza che permettevano di ottenere al di sopra della tavola.

Tutto il resto, però, non andava affatto ed egli poteva accorgersene benissimo anche da solo.

Guardò i suoi amici: Franci aveva jeans al ginocchio, sfrangiati e tagliati in più punti, una maglietta sbrindellata sulla schiena di un azzurro sbiadito che sembrava il frutto di centinaia di lavaggi male eseguiti, per non parlare dell'enorme quantità di catene e catenelle che gli pendevano da tutte le parti; Marco aveva dei pantaloni grigi così larghi che sarebbero andati bene anche a un elefante e che gli arrivavano a metà polpaccio, una maglietta lunga fin sotto le ginocchia e anch'essa così abbondante che avrebbe potuto ospitare almeno sette persone e una fascetta sulla fronte con scritte in inglese inneggianti a qualcosa che Filippo non aveva neanche mai sentito nominare; Simone, per concludere, aveva una camicia a righe rosse e gialle – simile a quella che Ruggero aveva corteggiato a lungo andandola ad ammirare per più di un mese sugli scaffali di "MelArancia" e infine ottenendola (ma soltanto come regalo per il compleanno) – e jeans che, come nel caso degli altri due ragazzi, erano più larghi che lunghi. Il tutto sormontato dal berrettino di cui abbiamo già parlato. Mentre lui... sembrava capitato lì per caso.

Troppo normale, troppo solito per essere davvero uno skater.

Non aveva nemmeno una catenina, neanche – tanto per dire – quella con l'immaginetta sacra (che, considerato il bernoccolo del giorno precedente, forse gli avrebbe anche fatto comodo)!

«Tieni!» gli disse Simone come se gli avesse letto nel pensiero, allungandogli una lunga serie di anelle d'ottone presa dallo zaino che ognuno di loro si portava sempre dietro.

Filippo si commosse profondamente e abbassò gli occhi perché l'altro non se ne accorgesse. Trafficò a lungo prima di riuscire ad agganciare la catena a un passante dei pantaloni e poi, lasciandola lenta in modo che gli ballonzolasse dietro, riprese a saltare e a correre più e meglio di prima.

«Oggi ti insegnerò a slaidare!» gli gridò dietro Franci.

Slaidare non era una parolaccia, come qualcuno potrebbe pensare. E non stava neppure a indicare una brutta azione. Niente affatto: slaidare voleva semplicemente descrivere l'indescrivibile capacità di scivolare con lo skate su tubi di metallo, come quelli di cui anche il parchetto era ben fornito.

«Scivolare, vuol dire scivolare. Sta' attento, ti faccio vedere come si fa» disse Franci.

Partì a razzo acquistando rapidamente velocità e, quando si trovò davanti quei metri di tubo sollevato con alcuni supporti a circa venti centimetri dal suolo, ci passò sopra per tutta la loro lunghezza con la tavola: prima tenendola ferma con i piedi in verticale, e poi in orizzontale. Uno spettacolo meraviglioso, una prova di abilità senza pari!

Filippo avrebbe voluto applaudire, ma non sapeva se andava bene farlo: gli sembrava un gesto poco adatto a quell'ambiente, troppo serio. Preferì emettere un potentissimo fischio, che gli riusciva bene e che anche il padre, quando erano andati allo stadio in occasione della promozione della squadra di calcio cittadina in serie A, gli aveva invidiato.

Per quanto si sforzasse, però, slaidare restò per lui, almeno per quel pomeriggio, un'impresa proibitiva.

«Anch'io ci ho messo molto tempo a imparare» lo consolò Marco, mandando luci metalliche dall'apparecchio. Sorrideva continuamente, del tutto indifferente a quanto era costretto a tenere dentro la bocca. «E a grindare ancora mi sbaglio, qualche volta» aggiunse con un nuovo sorriso.

Grindare, gli spiegò, voleva sempre dire scivolare con la tavola però stavolta con i *tracks*, cioè con i ferri che – mediante un certo numero di viti e di bulloni – tenevano le rotelle agganciate alla tavola: si poteva scivolare perfino su quelli, quindi!

«Non credevo che ci fossero tante cose da imparare...» ansimò Filippo al ventesimo tentativo fallito.

«Ce ne sono sì! Chi non conosce lo skate crede che sia una stupidaggine. E invece... Ma sai chi è che la pensa così? Quelli che hanno dei pregiudizi.» [4]

Erano troppe le cose che quel pomeriggio Filippo si era accorto di non sapere per aggiungervi anche la voce "pregiudizi".

Comunque, pur senza conoscere bene il significato di questa parola, era d'accordo con Marco: solo chi aveva dei pregiudizi poteva pensar male di un'attività tanto impegnativa e faticosa come quella dello skate. Tutt'a un tratto gli venne in mente che anche la mamma potesse avere dei pregiudizi.

La donna era alta, magra e vestita di azzurro. Portava due gigantesche borse di plastica stracolme di barattoli e scatole, sotto il cui peso barcollava. Doveva essere appena uscita dal supermercato e adesso stava cercando di riguadagnare la sua vettura, nel parcheggio accanto allo skate-park. Teneva le chiavi della macchina fra i denti e la borsa a tracolla che le scivolava giù continuamente, benché cercasse di trattenerla alzando ogni cinque secondi la spalla fin sopra l'orecchio. Finì per

4. *pregiudizi*: giudizi espressi ancor prima di conoscere una persona o una situazione.

lasciarla penzoloni, che le si infilava tra le gambe a rischio di farla cadere ad ogni passo.

Era ormai in vista dello sportello dell'auto quando uno scoppio di grida provenienti dal vicino spiazzo cementato attirò la sua attenzione. Con l'abitudine che le derivava dall'essere madre di due rampolli che, fra cadute e piccoli infortuni, le avevano dato non poche preoccupazioni, lanciò un'occhiata nella direzione da cui giungevano le urla per timore che qualche sfortunato ragazzino si fosse fatto male.

Ciò che vide la lasciò terrorizzata, al punto tale che fece cadere le borse a terra cosicché pacchi di maccheroni e confezioni di biscotti scivolarono da ogni parte, rischiando davvero di farla finire a gambe all'aria. Ma quello che invece a gambe all'aria c'era davvero era... suo figlio Filippo! Eh, già, quello che volteggiava sopra una tavola a rotelle spingendosi giù da una pedana di metallo e subito dopo slanciandosi in alto fin quasi a toccare le cime degli alberi era lui senza ombra di dubbio! Il suo bambino!

La povera donna si accasciò bocconi sul cofano della propria vettura. Chi, chi gli aveva dato il permesso di fare una cosa simile? Lei, forse? Niente affatto, se lo sarebbe ricordata bene! (A parte il fatto che non gliel'avrebbe mai dato.) Il marito? Ne dubitava, anche perché gliene avrebbe parlato, come faceva di solito per tutto quello che riguardava i figli. E allora?

Un nuovo scoppio di grida e di evviva la distolse dai suoi lugubri pensieri: un gruppetto di ragazzacci vestiti di metallo e di stracci stava inneggiando al suo piccolino. Che, con un colpo di punta su quella pericolosissima tavola nera, la fece saltare per aria e roteare su se stessa come fosse un prestigiatore. Il flip, il flip gli era finalmente riuscito (anche se lei non poteva sapere che si chiamasse così)!

Un urlo le si strozzò in gola. E se si fosse fatto male? Se la tavoletta gli fosse finita in faccia, o in... fronte? In fronte? Aveva detto "in fronte"? Ecco allora che cos'era il bernoccolo della sera prima! "Un ramo basso di un albero che sporgeva sulla pista ciclabile..." aveva detto lui. Dunque... dunque eravamo a questo punto: alle bugie!

Il suo bambino le diceva delle bugie pur di andare in

quel postaccio dove sapeva che lei non gli avrebbe mai dato il permesso di andare. Fra lei e il postaccio, aveva scelto quest'ultimo!

Nonostante il trauma della rivelazione la mamma di Filippo pensò subito al da farsi. Era una donna abituata a decidere rapidamente e senza piangersi addosso. Si sbarazzò delle sporte con la spesa ficcandole in fretta e furia nel bagagliaio e poi estrasse dalla borsetta un foulard e un paio di occhiali neri, che teneva sempre con sé per ogni evenienza. Indossò il tutto e si avvicinò cautamente allo spiazzo dove i ragazzi continuavano a skatare.

Li scrutò ad uno ad uno, imprimendosi bene i loro volti nella memoria. Ce n'erano per tutti i gusti: uno rosso di pelo e vestito da far paura, un altro biondino con un gran apparecchio fra i denti – e questo in parte la tranquillizzò perché stava a significare che almeno aveva una famiglia che si prendeva cura di lui – e uno nero nero con un berrettino insolente; anche questi ultimi due, però, avevano addosso cose impressionanti. Non voleva arrivare a dire che fossero dei delinquenti solo per gli abiti che indossavano, però, però... Ma lui, Filippo, che cosa ci faceva in quel posto e in mezzo a quei tizi? Non le aveva detto che anche quel pomeriggio sarebbe andato a giocare a casa di Alessandro? Ah, meno male che aveva deciso di venire a fare la spesa proprio in quest'orario in cui di solito non veniva mai! Meglio sapere la verità, costi quel che costi, che trastullarsi[5] in mezzo alle bugie. Però, però... dal suo Filippo non se lo sarebbe mai aspettata!

«Ti sei divertito oggi pomeriggio a casa di Alessandro?»

Anche se era innocente e leggera, la domanda della mamma piombò addosso a Filippo come un macigno.

La cena era appena all'inizio, ma lei aveva voluto andare subito al sodo. Voleva la verità e la voleva senza indugi: aveva aspettato solo il tempo necessario perché lui infilasse in bocca la prima forchettata di spaghetti.

Con astuzia da stratega militare, aveva deciso di

5. *trastullarsi*: perdere tempo, gingillarsi.

cogliерlo il più possibile di sorpresa in modo che non potesse architettare nessun piano per difendersi e, proprio per questo motivo, aveva deciso di cucinare gli spaghetti all'arrabbiata, con una dose di peperoncino doppia del solito che a Filippo aveva fatto portare immediatamente le mani alla gola nel gesto di spegnere l'incendio che vi sentiva dentro.

Quella sera però, pensava lui ignaro del trabocchetto tesogli con tanta abilità, il peperoncino poteva essergli molto utile.

La domanda della mamma infatti l'aveva messo in forte imbarazzo. Gli sarebbe toccato dirle un'altra bugia... Si mise a tossire a più non posso, fingendo che fosse colpa del condimento piccante e sperando che lei si dimenticasse così di chiedergli una seconda volta quello che gli aveva appena chiesto. Ma la mamma non cascò nel tranello.

«Allora?» insistette, disinteressandosi completamente dei disperati colpi di tosse del figlio. «Com'è andata da Alessandro?»

C'era qualcosa, nella sua voce, che costrinse Filippo ad alzare gli occhi. Rosso, sudato – un po' per il peperoncino vero e proprio, un po' per il "peperoncino" della menzogna –, egli cercò di sostenere lo sguardo che aveva di fronte. Uno sguardo duro, diverso da quello cordiale che di solito rendeva così luminosi gli occhi della sua mamma.

Si sentì perforare fin dentro gli intestini. Non ci si poteva sbagliare. La mamma "sapeva"... Inutile fingere o fare la commedia: quella sera l'"arrabbiata" era lei, non gli spaghetti che lui aveva sotto il naso!

Con tutta la dignità che gli restava Filippo appoggiò la forchetta sul bordo del piatto, guardò la mamma dentro le pupille, respirò a fondo due o tre volte e, con la voce più ferma che poté, diede l'annuncio che avrebbe cambiato il corso della sua vita:

«Sono stato allo skate-park!».

analisi del capitolo 3
a pagina 166

4
Un insolito alleato

“Compiti fino alle cinque del pomeriggio, un giretto in bicicletta non oltre i confini dell’isolato, ripassata preserale delle lezioni orali, cena, mezz’ora di televisione, ripassata post-cena delle ‘ultime cosette’ e a letto entro le ventidue.”

Questo, in linea di massima, fu il prospetto settimanale che Filippo si guadagnò su due piedi a seguito della sua bugia. Ma a spingere la mamma, e anche il papà, a metterlo sottochiave fu innanzitutto la paura che in quello “*schepàr*”, come dicevano loro, egli potesse fare brutti incontri.

«È frequentato da tipacci che non mi piacciono neanche un po’» non la finiva di dire la mamma. Era diventato una specie di ritornello, che faceva a gara con quelli delle pubblicità televisive. “Postaccio tipaccio tipaccio postaccio...” rintronava dentro la testa di Filippo come un *rap*, tanto che a un certo punto gli venne voglia di batterne il ritmo con il piede. Peccato che, non avendo gettato uno sguardo sotto il tavolo poiché doveva continuare a fissare la mamma mentre lei gli serviva la ramanzina al posto della frutta, finisse per pestare la coda della Ciccia che se ne stava in paziente attesa di qualche ghiotto avanzo da “esseri umani” (anche lei amava moltissimo le cotolette e altre cose del genere). Così pure la gatta, che fino a quel momento era stata l’unica a non guardarlo storto, gli fece un versaccio che non prometteva niente di buono.

Quanto si sentì abbandonato, Filippo, in quel momento! Abbandonato e incompreso.

E dire che quella era la sua famiglia, quelli erano gli esseri umani che più di tutti avrebbero dovuto capirlo, stargli vicino, incoraggiarlo nei suoi desideri, nelle sue inclinazioni... Vedeva invece la bocca della mamma che si apriva e chiudeva a intermittenza, il tempo sufficiente per ingurgitare l'aria indispensabile ad emettere altri rimproveri. Sembrava che dovesse continuare per l'eternità...

Sotto quella gragnuola[1] di colpi Filippo attendeva la sentenza in silenzio perché, se la parola è d'argento, in certe occasioni – come dice la saggezza popolare – "il silenzio è d'oro".

Meglio tacere, quindi, per non peggiorare ulteriormente la situazione.

«Chissà chi finiresti per incontrare, prima o poi... Non voglio, hai capito, non voglio assolutamente che tu ci metta mai più piede! E tu, Maurizio, non dici niente?»

Si era alle solite; ogni volta che la mamma sembrava aver esaurito la propria riserva di energie e sgridate, tirava fuori la sua carta segreta: il marito, nonché padre di Filippo.

Maurizio amava molto i propri figli e si preoccupava per loro, per la loro educazione, la loro salute e le loro amicizie. Se però non ci fosse stata la moglie, cioè la mamma di Filippo, a pungolarlo continuamente, egli spesso avrebbe chiuso volentieri un occhio. Non vedeva poi tutti questi pericoli che lei gli sciorinava davanti a ogni piè sospinto! Ma siccome lei lo tirava in ballo, lui... ballava.

Perciò, anche quella volta, si unì a formare quel duetto già esibitosi con successo in parecchie altre occasioni e che Filippo avrebbe dato chissà cosa per non dover più riascoltare.

Perché, se era difficile vincere contro uno, contro due diventava impossibile! E un po', in fondo in fondo, gli sembrava anche sleale.

«Da' retta a tua madre, capito?» ordinò il padre. «Niente più... niente più che cosa, Cecilia?» chiese subito dopo, a riprova di quanto Filippo aveva appena finito di pensare.

«*Schepàr*» suggerì lei, prontissima.

«Niente più... *sepà*» ripeté lui con aria disgustata. Poi si alzò dalla sedia per andare a sdraiarsi davanti al televisore del salotto.

«*Sepà*... *sepà*... ma che cos'è?» Filippo udì che bor-

1. *gragnuola*: serie rapida e ininterrotta.

bottava a bassa voce mentre si sintonizzava sul suo canale preferito. Dopo cinque minuti non sentì più nulla, per cui immaginò che si fosse già appisolato. Rimaneva Ruggero...

Ruggero, opportunamente, si era astenuto da qualsiasi tipo di commento. Per tutto il tempo in cui era montata la sfuriata della mamma egli aveva continuato a mangiare con diligenza, lasciando alla fine il piatto vuoto e lucido com'era all'inizio. Ora finì di bere l'ultimo goccio d'acqua che aveva nel bicchiere e fece per alzarsi, visto che ormai tutti avevano terminato. Soltanto in quel momento la mamma sembrò accorgersi di lui.

«E tu...» gli disse mentre egli, impegnato a riporre la sedia sotto il tavolo, non la stava guardando. «Ehi, dico a te...» ripeté a voce più alta e con una preoccupante inflessione superacuta.

«A me?!» Ruggero si volse intorno con aria stupefatta. «A me?!»

«Non fare lo spiritoso, caro il mio signorino quasi maggiorenne! Sei stato tu, per caso, che hai mandato il bambino in quel postaccio?»

Bambino... Quando la mamma arrivava a parlare di lui definendolo "bambino", Filippo sapeva che si era ormai arrivati all'ultima spiaggia. Bisognava subire e, ancora più di prima, continuare a tacere. Anche Ruggero scelse questa soluzione.

Strabuzzò gli occhi, guardò finalmente la madre in faccia esprimendo la massima sorpresa, dopo di che insaccò la testa fra le spalle come per dire "Io? E che c'entro io?"

Ma ormai la mamma aveva inglobato anche lui nella sua sgridata.

Vennero così rievocati alcuni episodi della sua vita passata, che tutti loro peraltro conoscevano fino alla nausea nei minimi dettagli, dai quali si poteva arguire che anche lui era stato un ragazzaccio e che si era salvato a stento dalla rovina solo grazie al suo tempestivo e provvidenziale intervento.

«E adesso questo poverino sta per ripercorrere le tue tracce, ti rendi conto?» singhiozzò la sventurata, indicando Filippo ancora incastrato fra la sedia e il tavolo, indeciso sul da farsi.

C'era poco da fare, comunque: quando la mamma arrivava alle lacrime, l'aveva vinta su tutta la linea. Filippo abbassò il capo, rassegnato.

«*Skate, addio*!» egli scrisse non appena riuscì a riguadagnare la propria camera. Lo scrisse però non a caratteri cubitali su un grande foglio bianco, come aveva fatto con "*W LO SKATE*!", ma su un bigliettino piccolo piccolo; e non col pennarellone, ma con una semplice penna biro nera che lasciò un segno sottile, quasi invisibile.

Filippo però sapeva che i segni che meno si vedono sono quelli che più fanno male.

«Perché, perché?» pianse prima di addormentarsi. Che cosa aveva fatto di male? Che cosa avevano fatto di male Franci, e Marco, e Simone?

Nel sonno, che alla fine – anche se molto tardi – giunse a portargli un po' di ristoro, la bacheca si trasformò in un mostro dai mille tentacoli. Su ognuno di essi c'era la scritta "*Skate*" che mandava sinistri bagliori rossastri. E sempre nel sonno, da qualche recesso remoto della memoria, gli giunse anche, lontanissima eppur ben distinta, la voce della prof di lettere che spiegava:

«Il pregiudizio… Allora, vi ricordate di quello che vi ho detto sul pregiudizio? Se per caso qualcuno non lo ricordasse o non fosse stato attento, adesso glielo rispiegherò. Il pregiudizio è, come dice la parola, un giudizio che si dà prima di conoscere la cosa che si vuole giudicare. E quindi, per questo motivo, spesso è un giudizio sbagliato. Molte persone, sapete, anche persone in gamba, a volte cadono nei pregiudizi. È un vero peccato. Bisognerebbe conoscere, invece, prima di giudicare».

«Ben detto…» sussurrò nel sogno Filippo alla prof Magnavacca.

Era quello che era capitato anche alla mamma, che era caduta vittima del pregiudizio sullo skate. Però, a farne le spese, adesso sarebbe stato lui. Come avrebbe fatto a vivere senza lo skate?

La giornata seguente, che sarebbe potuta essere scoppiettante, si trascinò al ritmo di una marcia funebre. Dal banco della propria classe Filippo seguì le lezioni come se fosse in un acquario. La voce dei professori gli giungeva ovattata[2] e incolore. Di quello che dicevano, poi, gli arrivava una parola sì e cinquecento no. Tutti i suoi pensieri correvano là, verso lo skate-park dei sogni perduti. Lo skate-park dei sogni perduti… Che bella frase gli era venuta in mente! Così bella, così struggente che gli fece tornare le lacrime agli occhi: proprio così, quello per lui non era nient'altro ormai che lo skate-park dei sogni perduti. Davanti agli occhi gli ballavano flip e ollie che non avrebbe più potuto eseguire e, quello che era più tragico, senza un vero e proprio motivo!

Perfino il pezzo di gnocco fritto[3] che quella mattina la mamma gli aveva consentito di comprare – quasi, aveva pensato ironicamente, a titolo di risarcimento per il danno subito – non gli sembrò affatto buono. Non lo mangiava tutti i giorni perché, e qui non poteva darle torto, avrebbe finito per fargli male. Lo alternava a merende diverse: un pezzo di cioccolata, un succo di frutta, un panino, una merendina. Però lo gnocco sicuramente gli piaceva molto, forse anche più di tutte le altre cose (a parte la cioccolata). Ma quella mattina lo sbocconcellò a fatica, lasciandone più di metà nello zaino. A che scopo nutrirsi, crescere, guardare al futuro? Mai la vita gli era parsa così nera come in quella splendida mattina inondata di sole…

Alla fine delle lezioni salutò i compagni con un breve cenno della mano e si avviò stancamente verso casa trascinandosi dietro i piedi. Anche il pomeriggio passò così, e la sera, e il giorno seguente. Dopo tre giorni di quella trafila, tra Filippo e uno zombie non c'era più alcuna differenza.

Fortunatamente il giovedì, se non altro, sarebbe venuto a trovarli il nonno Sergio. Era l'unico nonno che gli era rimasto, ed era il padre della mamma. L'altro, il nonno Alfonso, era morto quando lui era piccolissimo e lo rammentava soltanto come lo vedeva nella foto sistemata nell'ingresso: un bell'uomo alto e

2. *ovattata*: poco chiara, attutita.

3. *gnocco fritto*: pezzo di pasta fritta nell'olio o nello strutto di maiale.

severo, che era sempre stato di poche, pochissime parole. Queste caratteristiche, insieme con la morte precoce, gli avevano lasciato di lui un ricordo sfumato e lontanissimo.

Quest'altro nonno, invece, faceva davvero parte della sua vita, del suo presente. Era un uomo ancora giovane, anch'egli alto ma non severo. O, almeno, non di quel tipo di severità che i ragazzi associano al volto cupo e alla mancanza di sorrisi.

Il nonno Sergio scherzava e rideva molto volentieri e, senza far torto al nonno Alfonso, Filippo era certo che, se anche fosse morto tanto tempo prima, egli se lo sarebbe ricordato lo stesso, e pure senza foto incorniciata.

Ma il nonno Sergio non aveva affatto intenzione di morire, né adesso né – a quanto pareva – mai. Se c'era un giovane più giovane di un vero e proprio giovane quello era sicuramente questo pimpante settantenne che amava indossare jeans e camiciola al posto del vestito a giacca con la scusa che erano più comodi.

Filippo aveva ereditato da lui la passione per gli sport. Il nonno ne aveva praticati tanti che se ne era perso il conto e anche adesso, nonostante non fosse più di primo pelo,[4] non ne trascurava nessuno. Andava in piscina due volte la settimana, faceva footing, palestra e pesi, la domenica mattina correva in bicicletta, il sabato pomeriggio giocava a bocce con i "vecchietti" (come chiamava i suoi amici coetanei) e, quando poteva, faceva pesca subacquea e tiro con l'arco. Ah, non dimentichiamo lo sci di fondo (solo d'inverno, naturalmente)!

L'ultima sua impresa era stata la scalata di una montagna in Trentino, una montagna di cui Filippo aveva scordato il nome ma non il fatto che fosse alta più di duemilacinquecento metri.

Il nonno aveva frequentato un corso di alpinismo, aveva imparato tutto quello che c'era da imparare, aveva fatto le sue brave visite mediche che avevano diagnosticato uno stato di salute strepitoso e infine, con

4. *non fosse più di primo pelo*: non fosse più un ragazzo al quale spunta la barba per la prima volta.

l'intero armamentario del perfetto scalatore, era partito con un gruppo di altri coraggiosi molto più giovani di lui che si era lasciato ben presto alle spalle lungo il percorso. Cosicché, quando erano arrivati anche loro in vetta, avevano trovato il nonno Sergio che li aspettava con la macchina fotografica in mano e con in bocca la fatidica frase: «Stavo quasi per addormentarmi! Ma quanto ci avete messo?»

La nonna Valeria, che era sua moglie, ormai non brontolava più. Era abituata alle "mattane" del marito e, secondo Filippo, in fondo ne era anche orgogliosa.

«Le altre hanno i mariti che cincischiano a fare la spesa e a dormicchiare in poltrona; tu ne hai uno che scala le montagne e che ti porta in dono un fiore color di cielo colto apposta per te lassù fra le nuvole. Che cosa vorresti di più e di meglio?» le diceva lui quando la nonna, raccontando le sue avventure, fingeva di essere preoccupata. Lei rideva, beata. Erano ancora innamorati come due fidanzatini.

E, anche se a volte preoccupata lo era davvero, l'amore che nutriva per il marito le faceva capire che per lui sarebbe sempre stato meglio morire continuando a vivere che non vivere cominciando a morire un po' ogni giorno. Quindi lo lasciava andare, aspettandolo a casa fra i passatempi tanto più quieti che lei prediligeva: il ricamo a mezzo punto, la lettura, i fiori che coltivava nel giardinetto sul retro della loro villetta d'epoca a due piani, dove Filippo, quando era bambino, aveva passato tanti pomeriggi mentre i genitori erano impegnati al lavoro. C'era ancora, in un angolo, la casetta che il nonno gli aveva costruito con le proprie mani inchiodando assi e lamiere e dipingendole alla fine di un rosso brillante che le intemperie avevano poi offuscato e scrostato.

Adesso a casa dei nonni ci andava meno, perché lo studio e gli altri impegni lo tenevano vincolato[5] alla propria casa o ad altri luoghi. Quando poteva, però, faceva ancora sempre volentieri un salto da loro, dove la nonna gli offriva il tè con i pasticcini.

A lui il tè non era mai piaciuto, ma i pasticcini sì.

5. *vincolato*: legato, costretto a restare.

Quando sapeva che Filippo stava arrivando, lei si precipitava a comprarli freschi alla deliziosa pasticceria all'angolo, dove facevano i bignè che si mangiavano in un solo boccone ma che erano talmente imbottiti di crema che ti schizzavi lo stesso da tutte le parti. Il sorsetto di tè allora ci poteva pure stare, in mancanza di meglio; anche perché Filippo non si sarebbe mai sognato di dire alla nonna che non gli piaceva, soprattutto quando, con occhi adoranti, la vedeva versarglielo nella tazza di porcellana bianca e celeste a fiorellini, tanto delicata che pareva si potesse rompere con un solo sguardo.

«Sembri un lord inglese» diceva la nonna contemplandolo con aria sognante mentre lui prendeva il piattino e sollevava la tazza con le mani sporche di cui, soltanto in quel momento, si vergognava a morte. E si vergognava anche vedendo le proprie ginocchia nere di polvere e verdi di erba per la partita di pallone appena conclusa e gli abiti stazzonati[6] e talvolta addirittura scuciti per il gran correre in bicicletta (con relative cadute). La nonna però sembrava non nutrire dubbi:

«Un lord, un lord inglese...»

Filippo credeva che fosse perché lei leggeva sempre tanti romanzi sull'Inghilterra antica, che erano i suoi preferiti. Li teneva sul tavolino accanto a quello dove appoggiava la teiera e ogni tanto il suo sguardo passava da lui a loro ai quali, forse, avrebbe desiderato ritornare. Pure, quando Filippo faceva per alzarsi, sempre cercava di trattenerlo ancora.

«Non ti vedo mai... Fra un po' ti incontrerò per la strada e non ti riconoscerò più!» gli diceva scompigliandogli i capelli con una tenera carezza. In quei pomeriggi a casa della nonna Valeria anche il tè finiva per diventare buono (ma, tolte quelle occasioni, Filippo non ne beveva mai né, era più che sicuro, mai ne avrebbe offerto ai propri nipoti, se per caso li avesse avuti).

Anche lei era l'unica nonna che gli fosse rimasta, dato che la mamma del papà era morta quando lui non era ancora nato. Si chiamava Silvana e, forse, aveva avuto una qualche somiglianza con il papà; ma della nonna Silvana non parlavano quasi mai perché erano

6. *stazzonati*: sgualciti.

trascorsi davvero tanti anni da quando non c'era più e nessuno di loro che erano venuti dopo, neanche la mamma, l'aveva mai conosciuta.

Il giovedì sera il nonno sarebbe venuto a cena da solo perché la nonna in quei giorni era andata in vacanza con alcune amiche. Erano partite con un viaggio organizzato che le avrebbe portate prima in Liguria e poi sulla Costa Azzurra.

«Da sola?» si meravigliò perfino Ruggero quando la mamma lo raccontò.

La nonna si muoveva malvolentieri da casa e, di solito, lo faceva con il marito. Da un po' di tempo, tuttavia, aveva preso l'abitudine di accompagnarsi a queste signore della sua età. «Mi sembra di essere ritornata ragazza» aveva spiegato alla mamma come per giustificarsi. «E poi non facciamo mica niente di male, sai...»

«E così» finì di raccontare la mamma «è partita l'altro ieri. Ma il nonno è stato contento. Chissà che cosa ha in mente, adesso, dopo la prodezza della scalata in Trentino!»

«Vorrà andare in moto. Forse ne comprerà una, così poi dopo la presterà anche a me...» disse Ruggero con un sospiro speranzoso.

Ruggero dava sempre l'impressione di non ascoltare mai niente, ma in realtà – quando voleva – mostrava di non perdersi una parola.

Pure lui amava molto i nonni; Filippo sospettava che fosse anche perché ogni tanto, come aveva visto senza volere in più di un'occasione, loro gli allungavano qualche soldarello... Da qualche tempo il nonno aveva cominciato a farlo anche con lui.

"Speriamo che questa sana abitudine continui a lungo e che si ripeta spesso" si era augurato Filippo dopo la prima volta. Non era un ragazzino avido e, tutto sommato, non aveva neanche tante occasioni di spendere perché a comprargli quello che gli serviva ci pensavano i suoi genitori. Ma aveva, già da qualche tempo, una mezza intenzione di provare a metter da parte quanto più poteva – sia della propria paghetta settimanale che di quegli accrediti[7] fuori programma che ogni

7. *accrediti*: somme di denaro.

tanto gli elargivano i familiari – per comprarsi uno skate... Ah, lo skate!

Il ricordo di quanto era successo lo rigettò nell'amara realtà: comprarsi lo skate? Avrebbe dovuto aspettare, come minimo, di essere maggiorenne!

Il nonno suonò alla porta un po' in anticipo come al solito. Aveva sempre fretta, lui.

Filippo corse ad aprire e si trovò davanti un enorme sacchetto bianco tutto infiocchettato con al di sopra la sua faccia sorridente che faceva capolino.

«Questo è per voi» fece allungando il pacco a Filippo. «Visto che la nonna non c'è, ci ho pensato io...»

Il sacchetto non era altro che una confezione di pasticcini comprati nella pasticceria all'angolo di casa loro. Solo che il nonno, esagerato come sempre, non si era limitato ad alcuni bignè come faceva la nonna, ma aveva in pratica... svuotato il negozio. C'era di tutto: canestri di cioccolata con la mandorla sopra, cannoli ripieni di crema alla vaniglia, ventagli di pastasfoglia imbottiti di panna montata, cestini di frutta sciroppata, quadrati di marzapane al pistacchio, minuscoli budini alla nocciola e perfino dei babà che il rhum screziava di rosso.

Il nonno era di ottimo umore, ancora più delle altre volte. Mise subito tutti in allegria, aiutando Filippo a dissipare la malinconia che ancora l'assediava. Anzi, a quest'ultimo sembrò quasi di aver dimenticato i propri crucci, soprattutto quando ebbe ufficialmente il "via libera" per mangiare i pasticcini.

La Ciccia ronfava a più non posso. Adorava pure lei il nonno Sergio e, quando lui veniva a trovarli, balzava a rannicchiarsi sulle sue ginocchia, sobbalzando tutta tremante ad ogni risata che costui emetteva. Ed erano tante, eh! Ma lei rimaneva lì, contenta di far parte di quel turbinio di vita. Quella sera, però, la gioia di vivere del nonno aveva anche un motivo ben preciso.

«Ragazzi, ho trovato una cosa che neanche ve l'immaginate...» annunciò con voce trionfante. Non vedeva l'ora di raccontare. Doveva trattarsi di qualcosa a cui teneva molto, perché sembrava che dovesse scoppiare di entusiasmo da un momento all'altro.

«Compri la moto? Compri la moto?» lo incalzò Ruggero.

«La moto? Ma quella è roba antidiluviana! Non si usa più! Io ho trovato di meglio. Una cosa di cui non avete neppure un'idea...»

«Un'auto da corsa?» tornò alla carica Ruggero. Gli luccicavano gli occhi. Forse i soldi per una Ferrari il nonno non li aveva, però sarebbe stata bella anche una Maserati...

«Macché auto, quello è tutto inquinamento! Vuoi che contribuisca a lasciare ai miei nipoti un mondo ancora peggiore di quello che abbiamo? Niente auto! Questo è meglio, molto meglio di qualsiasi auto!»

Anche il papà e la mamma si erano incuriositi, trascinati dallo slancio del nonno. La mamma, in particolare, lo guardava sorridendo. "Hanno lo stesso taglio d'occhi" pensò Filippo. Si vedeva che erano padre e figlia, lo dicevano tutti; ma era la prima volta che lui se ne accorgeva veramente.

Allungò la mano per prendere un altro cannolo. Uhmm, com'era buono! Si leccò le dita e sentì caldo nel profondo del cuore. Se avessimo sempre accanto a noi una persona che ci scalda dentro... e che ci rifornisce di dolci squisiti senza limitazione!

Si stava bene, seduti tutti insieme a ridere e a scherzare intorno al tavolo. E il bello doveva ancora venire... Quando il nonno fu sicuro di avere sufficientemente acceso la fantasia dei presenti, si preparò a mollare la propria bomba. Prima li guardò in faccia ad uno ad uno. Sembrava un monello che sapesse di averla combinata grossa, ma anche che fosse sicuro di sapersi fare perdonare.

«Bene... Sapete che cosa ho scoperto? Volete proprio saperlo?»

«Di', di'...» implorarono tutti, al colmo dell'eccitazione. Non resistevano più.

«Ho scoperto una cosa che si chiama... skate!» gridò allora il nonno, accompagnando la frase con un gran pugno scherzoso sul tavolo.

Nella cucina cadde il silenzio. Il pugno del nonno vibrò a lungo, ma non accompagnato dalle domande che lui si sarebbe aspettato di sentire. E, naturalmente, quando Filippo ebbe il coraggio di guardare la mamma la prima cosa di cui si avvide fu che il suo sorriso era scomparso. Totalmente scomparso. Il suo viso era diventato di pietra.

Lo skate... Il nonno aveva scoperto lo skate! Il nonno!!!

«Che cosa ho detto che non va? Non vi piace lo skate?» si indispettì lui. Quel pesante, unanime silenzio gli dava fastidio, soprattutto perché non ne capiva il motivo.

«Ma sapete almeno di che cosa sto parlando?» insistette, cercando con tutti i suoi sforzi di riportare al calore della vita i parenti diventati all'improvviso pallidi, cadaverici e muti. «Sto parlando di quella tavola con le ruote... Quella dove ci si spinge e sulla quale poi si fanno le acrobazie...»

Poveretto, più parlava e più loro tacevano.

«C'è un parchetto di cemento, vicino al supermercato: è lì dove vanno a saltare con lo skate. Non l'hai mai visto, Cecilia?» domandò rivolgendosi alla figlia. «Sto parlando del supermercato dove fai la spesa tu.»

Gelo, gelo polare.

«Se volete vi ci accompagno domani. Potete venire tutti: tu, Cecilia, e anche tu, Maurizio, e poi naturalmente i ragazzi. Ruggero, Filippo. Anche la gatta, se volete. Ma sì, perché non portate anche lei con la sua cesta? Un po' d'aria fresca le farebbe bene! Eh, a Filippo quel parchetto piacerà di sicuro. Lui sì, lui sì che dovrebbe andare in skate! Agile com'è, sai che salti farebbe? Te l'immagini, di' su, te l'immagini, Cecilia, che salti farebbe Filippo?»

Il nonno continuava ad affannarsi a cercare di spiegare e di convincere, tentando di rompere la cortina[8] di ghiaccio che lo stava stritolando. Ma non faceva altro che aggravare le cose:

«Che bravi ragazzi! Se tu vedessi, Cecilia, che bravi ragazzi frequentano quel posticino così carino! E sono tutti vestiti comodi, eh! Senza frivolezze, così possono compiere meglio tutte quelle belle e coraggiose capriole. Proprio dei bravi ragazzi. Mi piacerebbero come

8. *cortina*: sbarramento, ostacolo, qui usato in senso figurato.

nipoti, mi piacerebbero un sacco! Se non avessi già questi due, beninteso... Ma anche di quelli là me ne porterei a casa un paio volentieri, ah, ah, ah!»

Il silenzio si stava facendo davvero imbarazzante. Insopportabile.

E, pensò Filippo spaventato, non era rimasto più neanche un pasticcino per cercare di darsi un contegno facendo qualcosa di diverso che non fosse il fissare un punto imprecisato della tovaglia come stavano facendo ormai da più di un quarto d'ora.

Anche la Ciccia, perplessa, aveva smesso di fare le fusa sulle ginocchia del nonno e adesso se ne stava diritta come se avesse inghiottito un paletto, con le orecchie puntate verso il soffitto. "Che cosa stanno combinando, stavolta, questi strambi animali che non riescono mai a starsene tranquilli?" pareva chiedersi.

L'enormità di quello che aveva appena sentito giunse finalmente al cervello di Filippo e dilagò attraverso tutte le sue circonvoluzioni,[9] fino al livello della consapevolezza. Il nonno... il nonno voleva andare in skate! Questo, questo era quello che avevano sentito le sue orecchie! Non si era mica sbagliato!

Allora cominciò a ridere. Dapprima piano piano, come un leggerissimo miagolio che mise la gatta più in allarme di quanto già non fosse. Poi fu un crescendo graduale, costante e inarrestabile. Un singulto irrefrenabile, che gli scosse la testa e le spalle e infine la gabbia toracica fino a squassargli il petto a tal punto che gli sembrava di doversi spezzare in due. E a un certo punto sentì che la risata continuava anche se lui si era fermato per riprendere fiato. Perché a ridere non era più lui soltanto, ma anche Ruggero, il papà, il nonno – che non era affatto permaloso e si era unito ai suoi molto volentieri, nell'attesa di farsi comunque spiegare che cosa ci fosse tanto da ridere – e anche... la mamma! Anzi, la mamma era quella che rideva più di tutti. Rideva tanto che ai lati degli occhi socchiusi le erano apparse due lacrime, che lentamente le rotolavano giù lungo le guance. E, ridendo, era tornata ad assomigliare al nonno.

9. *circonvoluzioni*: pieghe della corteccia cerebrale.

L'unica a non ridere era la Ciccia. Inarcando la schiena si sollevò dalle ginocchia dove fino a quel momento si era trovata così bene e, senza più degnare nessuno di un'occhiata, scese con un balzo leggero per andare a rintanarsi sul balcone dove nessuno, almeno così sperava, l'avrebbe più infastidita.

analisi del capitolo 4
a pagina 171

5
Incontri ravvicinati... di vario tipo

L'imprevisto intervento del nonno Sergio, dopo le matte risate di quella sera, ebbe la conseguenza che era facile intuire: stemperò l'atmosfera e rimise ogni cosa nei giusti binari, il che in pratica volle dire che Filippo ottenne il permesso di poter tornare al proprio amato skate-park.

«Questo non significa che adesso io mi fidi all'improvviso di quel postaccio e di quei tipacci» puntualizzò nondimeno la mamma a scanso di equivoci. «Anche perché, come sai bene, non è che mi fidi neanche tanto di tuo nonno Sergio... È più matto di te, quando vuole! Però...»

La mamma non aveva mai concluso quel discorso, lasciando comunque intendere di essersi resa conto di avere esagerato. Non l'avrebbe mai ammesso apertamente, neppure sotto le peggiori torture, ma per Filippo andava più che bene anche così. Anzi, strabene!

L'unica clausola, inderogabile, che ella pose fu che il nonno lo accompagnasse. Per qualunque altro ragazzino sarebbe potuto sembrare un ostacolo insormontabile: si è mai visto che un tredicenne frequenti uno skate-park accompagnato dal nonno? Ma per Filippo le cose stavano diversamente, perché lui sapeva che quel suo nonno non era nient'altro che un ragazzino pure lui.

«Evviva, evviva, è tornato Filippo!»

Egli non fece neppure in tempo a mettere piede sul cemento della piazzola che già Franci e Marco, che l'avevano avvistato da lontano, si precipitarono verso di lui gridando tutti contenti.

E anche Simone, sopraggiunto qualche minuto dopo, buttò in aria due o tre volte l'inseparabile berrettino per la gioia di rivedere l'ultimo acquisto della compagnia.

«Credevamo che ti fossi perso!» gli disse mentre si arrestava davanti a lui con un ollie centottanta seguito da un perfetto doppio flip.

«Niente affatto. Ho soltanto avuto qualche... problema familiare» accennò vagamente Filippo, che non voleva certo riferire agli amici le accuse immotivate di cui erano stati oggetto da parte della mamma. Tanto, ormai, era tutto alle spalle. «Ma adesso si riparte, ragazzi! Si torna a vivere!» esultò felice. Lo skate, sotto i suoi piedi, fremeva impaziente di riprendere a correre.

Prima, però, decisero saggiamente di scambiarsi i numeri di telefono.

«Così» disse Marco «per ogni evenienza sapremo come rintracciarci.»

«Giusto, fuori carta e penna!» concordarono in coro Franci, Simone e Filippo.

Quest'ultimo guardò con affetto i propri amici: l'apparecchio per i denti di Marco, mentre egli parlava, appariva ancora più terrificante di quanto Filippo non ricordasse, eppure non toglieva nulla alla grazia del suo sorriso; anche il ciuffo di Franci, sotto il sole, riluceva più vivo e vibrante che mai; gli occhi di Simone, infine, brillavano vivaci come non li aveva mai visti. La lontananza aveva rinsaldato la nascente amicizia, anziché metterla in pericolo. Filippo si sentì fortunato oltre ogni dire: non capita tutti i giorni di trovare un amico. E lui ne aveva trovati addirittura tre!

Il nonno, intanto, se ne stava in disparte. Per quanto estroverso e desideroso di imparare ad andare in skate, pure si rendeva conto di non essere davvero un tredicenne e quindi non voleva imbarazzare il nipote con la sua presenza. Aspettava che fosse lui, caso mai, a renderla nota agli altri.

Filippo però, come già sappiamo, non aveva niente di cui vergognarsi: un nonno come il suo avrebbe fatto la fortuna di qualsiasi suo coetaneo. Sventolò con forza una mano, invitandolo a unirsi a loro.

«Ragazzi, vi presento mio nonno» annunciò senza esitazioni. «È anche lui un patito dello skate.»

Franci, Simone e Marco lo guardarono con ammirazione.

«Credevamo che alla sua età piacessero soltanto le bocce...» azzardò timidamente Simone.

«Oh, mi piacciono anche quelle» rispose il nonno con disinvoltura. «Ma volete mettere con questa magnifica tavola che avete sotto i piedi? Ah, che cosa non darei per provarla anch'io!»

Detto fatto: con un sorriso Franci gliela mise davanti e, indicandogliela con l'indice, lo invitò gentilmente:

«Prego, faccia pure!»

Filippo ebbe un momento di panico: va bene che il nonno era in gambissima e che godeva ottima salute, ma aveva pur sempre qualche annetto in più dei suoi tredici... E se per caso si fosse rotto una gamba? O, peggio ancora, la testa? Per un attimo gli balenò l'idea che in realtà le cose fossero andate al rovescio di quanto non fossero sembrate, e cioè che la mamma avesse affidato il nonno alla sua sorveglianza, e non viceversa...

Il nonno però non era un incosciente e neanche un imprudente. Poggiò delicatamente il piede sulla tavola e la mosse avanti e indietro. Indugiò un attimo, poi disse con un sorriso appena accennato:

«No, ragazzi, vi ringrazio, ma... c'è un tempo per tutte le cose. E il mio, per "queste" cose, è già passato. Soltanto adesso me ne accorgo, vedendovi così giovani e impazienti di andare».

C'era del rimpianto, nella sua voce, ma con una sfumatura di dolcezza che non faceva diventare tristi. Mai come in quel momento Filippo si accorse di volergli bene.

Il fatto che il nonno avesse rinunciato ad andare in skate costituì per i quattro ragazzi, in un certo senso, un'insperata fortuna. Dopo essersi allontanati per una decina di minuti per compiere varie evoluzioni, essi – quando si ritrovarono accanto a lui nell'angolo dello spiazzo dove avevano deposto come al solito zaini e biciclette – ebbero infatti una felice sorpresa: mentre loro saltavano, slaidavano e grindavano (compreso il suo Filippo, il che lo faceva fremere d'orgoglio più che se sullo skate ci fosse stato lui stesso), egli aveva avuto modo di vedere che alcune delle strutture di legno e di metallo su cui si allenavano erano piuttosto fatiscenti.

«Fatiscenti? Che cosa vuol dire?» lo interruppe

Marco. Anche gli altri, veramente, non avevano mai sentito quell'aggettivo.

«Vuol dire cadenti, cascanti, che stanno per crollare» spiegò il nonno senza tanti giri di parole.

I quattro ragazzi si guardarono sgomenti: il loro skate-park stava per andare in malora e loro non se n'erano nemmeno accorti!

«Se volete potrei occuparmi io delle riparazioni. Modestamente, credo di poter essere in grado di riuscirci...»

A Filippo venne subito in mente la casetta che il nonno gli aveva costruito in giardino quando era piccolo. Aveva fatto perfino la porta, con tanto di maniglia perfettamente funzionante, e due finestre: senza vetri, perché la nonna aveva paura che, giocando, potesse romperli e tagliarsi, ma del tutto identiche a quelle vere. E c'era pure il comignolo, sul tetto, benché non ci fosse neanche il camino! Sì, il nonno era sicuramente la persona più adatta per occuparsi del loro skate-park.

«Potrei rendermi utile...» aggiunse egli a voce più bassa.

A questo punto ci si sarebbe anche potuti commuovere, ma non era il caso: tutto quello di cui loro e il nonno non avevano bisogno, in quel momento, erano le lacrime. C'era da rimboccarsi le maniche, non il fazzoletto da naso!

«Vedete,» osservò Simone rivolto agli amici mentre, seguendo il nonno che si incamminava a passo svelto, andavano a fare un giro di ricognizione alle strutture, «vedete com'è contento!»

Era vero, il nonno sembrava ritornato il ragazzino che si sentiva di essere.

«È tanto semplice, in fondo» commentò ancora Simone. «Basta incoraggiarli, farli sentire coinvolti. E allora anche i grandi sanno capire.»

«Agli adulti» riassunse filosoficamente Marco «bisogna dare fiducia.»

Filippo si ricordò che era più o meno, anche se al rovescio, la stessa frase che il preside Balduccini ripeteva ogni volta che veniva in classe a fare la predica su invito di qualche professore che non ne poteva più. Il preside allora sgridava, minacciava, puniva, però sempre, sul finire, lasciava aperto uno spiraglio di speranza con quelle parole che suonavano all'incirca così: «Ma io, nonostante tutto, credo che capirete di comportarvi bene. Perché io ho fiducia in voi. Ai giovani bisogna dare fiducia».

E la stessa frase, come aveva fatto notare Marco, valeva anche per gli adulti. Che fatica dovevano fare, poveretti, a diventare vecchi!

Le strutture che occupavano il parchetto di cemento erano nate e cresciute una dopo l'altra nel corso del tempo anche prima che Gigi della "MelArancia" cominciasse a sponsorizzarle e adesso, infatti, nessuno sapeva più bene esattamente chi avesse portato quale e chi ne fosse stato il costruttore.

«È stato un lavoro collettivo» spiegò Franci. «E ancora oggi qualcuno viene e porta un nuovo *quoter* o un nuovo *reil.*»

Erano rimasti soltanto loro due, Filippo e Franci, perché Marco e Simone erano dovuti andare a comprare una serie di rotelle in sostituzione delle loro che erano consumate. Sarebbero tornati dopo un'oretta.

Il *quoter*, spiegò ancora Franci, era la piccola rampa curva di metallo, dall'alto della quale si scendeva per prendere la rincorsa e avventarsi con velocità sugli ostacoli successivi. Nel parchetto ce n'erano quattro, collocati ad ogni angolo.

«L'*alfpaip* invece è quella che vedi là» disse indicando una doppia rampa, sempre curva, che permetteva di fare avanti e indietro, scivolando con estrema leggerezza poiché era di metallo. Mentre si andava su e giù si compivano le acrobazie.

«Si chiama *alfpaip* quando è alta un metro e ottanta; altrimenti, se è alta il doppio, si tira via l'*alf*, che vuol dire metà, e la si chiama soltanto *paip.*»

«E... sai anche come si scrivono questi nomi?» domandò Filippo.

Franci lo guardò con aria stupita, ma non fece commenti. A Filippo bruciava ancora il ricordo di quando Ruggero l'aveva preso in giro perché non aveva saputo l'esatta grafia del nome *skate* e adesso, nonostante fosse stato già molto attento a che la cosa non potesse più ripetersi, voleva mettersi al riparo da ogni altra eventuale canzonatura. Ascoltò quindi con estrema attenzione quello che gli diceva Franci, appuntandoselo nel cervello. Una volta tornato a casa, poi, avrebbe messo per iscritto tutto per essere sicuro di non dimenticarselo.

«*Alfpaip* si scrive *half-pipe*. *Pipe* significa tubo. Il tubo è quello che c'è là in cima alla rampa, vedi? Una volta arrivati lassù, infatti, si può anche slaidare e grindare.»

A Filippo vennero i brividi solo a pensarci. Ma già Franci stava proseguendo:

«*Quoter* si scrive invece *quarter*, che vuole dire che è un quarto di un giro completo, e infatti ha proprio questo aspetto; mentre *reil* è *rail*, cioè ringhiera. In origine era quella delle scale o dei giardini pubblici su cui i primi *skaters* scivolavano non avendo a disposizione nient'altro.»

«Come fai a sapere tutte queste cose?» chiese Filippo guardando l'amico con tanto d'occhi.

«Studio» rispose egli semplicemente.

«A scuola?» Filippo non aveva mai saputo che esistesse una materia chiamata "skate".

«Ma no, non a scuola! Studio sulle riviste.»

«Ah, ci sono anche quelle?»

«Si capisce. Abbiamo le riviste, e anche i filmati. E, come nel caso di Gigi e della "MelArancia", abbiamo anche i nostri sponsor e i nostri negozi di abbigliamento, oltre a quelli dove compriamo i materiali. E poi facciamo le nostre gare, che cosa credi? Veramente, più che gare vere e proprie con tanto di medaglie e coppe, sono esibizioni in cui si cerca di dare il meglio. Ma non ci mancano neanche queste. Noi *skaters* abbiamo tutto quello che ci occorre. E sfido chiunque a sostenere il contrario!» dichiarò Franci con grandissima convinzione. Forse anche troppa...

«Voi *skaters* siete delle teste di rapa, altro che!» si sentì per tutta risposta alla sua entusiastica affermazione.

Teste di rapa? Chi aveva osato pronunciare un'offesa del genere? Franci e Filippo ne furono così stupiti che non riuscirono neanche ad arrabbiarsi immediatamente.

La voce che aveva parlato apparteneva a un ragazzo alto e magro, che aveva suppergiù la loro età. Assomigliava anche, vagamente, a Marco, con il quale aveva in comune un analogo terrificante apparecchio ortodontico, solo che il suo aveva le placchette colorate di verde. “Una bocca da alieno” pensò Filippo con un brivido, così come quella di Marco gli era sembrata, la prima volta che l’aveva vista, una bocca bionica.

La bocca a cui apparteneva la voce comprendeva anche un corpo ricoperto da pantaloni a metà gamba, larghi e con ampi tasconi applicati davanti, dietro e sui fianchi, e una maglietta di cinque taglie più grande del necessario. Una fascetta di spugna con un marchio famosissimo ornava la fronte e tratteneva all’indietro i capelli, lunghi e di un castano piuttosto scuro.

L’individuo fornito di quel corpo e di quella voce sarebbe potuto sembrare del tutto, o quasi, identico a loro se non fosse stato che ai piedi, anziché lo skate, aveva... un paio di roller!

E non era ancora finita: dietro di lui, in fila indiana, stavano sopraggiungendo altri tre suoi compagni, anch’essi vestiti allo stesso modo e anch’essi forniti di pattini a rotelle.

Venivano avanti veloci, in silenzio, con le braccia che si muovevano in sincronia con il movimento delle gambe e che li facevano assomigliare a quattro angeli che sbattessero le ali.

Filippo, se non fosse stato per la frasaccia offensiva che quello che sembrava il capoccia aveva appena pronunciato, li avrebbe trovati meravigliosi. Non così, invece, la pensava Franci...

«Roller... Bleah!» disse Franci con aria schifata quando tutti e quattro si furono fermati accanto a loro.

«Hai qualcosa da ridire, testa di rapa?» lo apostrofò quello che sembrava un alieno, ribadendo il concetto già espresso in precedenza.

Filippo chiuse gli occhi d’istinto: quei denti che parevano verdi gli facevano un po’ impressione. Da dietro le ciglia abbassate gli giunse la risposta di Franci:

«Testa di rapa sarai tu, pattinatore dei miei stivali!»

“Bravo, bravo Franci, così si dice!” si ringalluzzì

Filippo spalancando istantaneamente gli occhi. Che risposta, gente! Che coraggio! Che ardire! Che...

«E tu non sei altro che uno skater da strapazzo! Un rifiuto delle piste!» ripartì all'attacco l'altro, per niente intimorito.

"Ohi, ohi, qui le cose si stanno mettendo male..." si disse Filippo, chiudendo nuovamente gli occhi, Non si era mai trovato in una situazione simile. Nei film a quel punto avrebbero fatto a cazzotti. "Ma noi non siamo in un film!" si ricordò. E poi perché avrebbe dovuto fare a botte con quell'alieno che non aveva mai visto prima in vita sua? Senza contare che loro erano in due, mentre gli altri in quattro. "Non è giusto, non è giusto" piagnucolò dentro di sé. Aveva, bisogna ammetterlo, molta paura. Non desiderava altro che prendere Franci per un gomito e trascinarlo via da quella sfida infernale senza senso.

Franci però non sembrava avere alcuna intenzione di andarsene. A mento in alto, con il ciuffo al sole, lo skate ai piedi, fronteggiava il pericolo senza alcun timore. O almeno non lo dava a vedere. Allora Filippo si vergognò della propria paura. "Di che pasta d'uomo sei fatto?" si disse. "Solo chiacchiere e nient'altro. Fai vedere chi sei, adesso che è giunto il momento!" E già stava per aprire la bocca per ribattere "Chi ti credi di essere, damerino leccatino del cavolo?" quando gli altri tre compari dell'alieno avanzarono di qualche centimetro, scivolando minacciosamente su quelle loro rotelle così diverse da quelle dello skate. Ma che cosa volevano da loro? Chi li conosceva?

Filippo si fece riprendere dal panico. E di nuovo, per la terza volta nel giro di cinque minuti, chiuse gli occhi: se proprio doveva morire, non aveva alcuna intenzione di vedere la morte in faccia!

Invece del sibilo del gancio destro che si aspettava egli sentì un lontano fischiettio. Proprio così: una fischiatina sommessa ma quanto mai allegra. Non una melodia senza senso, tanto per fare; ma una marcetta di cui lui conosceva anche le parole, che dicevano: "*Lo sai che i papaveri son alti alti alti e tu sei piccolino, e tu sei piccolino...*"

Il fischiettio veniva facendosi sempre più forte e chiaro, come se si stesse avvicinando.

La nonna quella canzone gliela cantava sempre quando lui era un bimbetto, e il nonno rideva accompagnandola con passo militaresco e mettendosi sull'attenti davanti a lui... e lui gli ordinava di ricominciare e il nonno ubbidiva immediatamente facendo dietrofront e riprendendo da capo...

Il ricordo del nonno che marciava avanti e indietro lo indusse a sorridere, facendogli dimenticare per un attimo i propri terrori. E così facendo egli, senza accorgersene, riaprì gli occhi e scorse a poca distanza proprio... il nonno. Sì, invece del pattinatore alieno pronto a maciullargli la faccia con un diretto stellare, egli vide il suo caro, dolce, simpatico nonno Sergio che avanzava fischiettando la marcetta di tanti anni prima.

Non ne aveva dimenticata neanche una nota. Solo che stavolta non poteva accompagnarla con il gesto delle braccia perché quest'ultime erano impegnate a reggere un ingombrante sacchetto di carta che recava impressa su ogni lato la frase "Riciclami, per pietà". Proveniva sicuramente dal vicino supermercato, come Filippo riconobbe senza fatica perché anche la mamma ne portava a casa di uguali tutte le settimane.

«Oh, che bellezza!» esclamò il nonno fermandosi in mezzo a loro con un enorme sorriso sulla faccia. «Ne ho lasciati due e ne ritrovo sei!»

Si rivolgeva naturalmente anche ai quattro pattinatori in roller che, sorpresi da quell'insolita apparizione (un nonno in uno skate-park!), non riuscivano a trovar niente da dire. Né lui gliene avrebbe dato la possibilità poiché continuava a parlare a ruota libera, contento come una pasqua:

«Vi tenevo d'occhio, sapete, da lontano... E mi son detto: "Bisogna fare in modo di festeggiare degnamente la bella amicizia che lega quei sei ragazzi"».

Ma che cosa stava dicendo? Il nonno, pensò Filippo, non aveva capito niente!

«Così» continuò egli ignorando sia gli occhi allarmati che gli lanciavano lui e Franci che quelli stupefatti che gli facevano roteare addosso i pattinatori «mi è venuta un'idea. A me piace moltissimo e spero che piaccia anche voi. Però dovete fare in fretta a dirmi se vi piace o no, perché questa idea altrimenti... se la squaglia!» e si mise a ridere, soddisfatto della propria spiritosaggine.

Tutti i ragazzi, Filippo compreso, non sapevano che cosa pensare. Affascinati dal fiume in piena di scherzi e di risate che usciva dalla sua bocca, si erano dimenticati che stavano per fare a botte e adesso scrutavano con curiosità il sacchettone dal quale egli si accingeva ad estrarre chissà che cosa. Non dovettero aspettare a lungo.

«Presto, presto, bisogna sbrigarsi!» gridava infatti il nonno mentre frugava all'interno.

Afferrò qualcosa e la tirò fuori velocemente: era una vaschetta gigante di gelato. Gelato di due gusti che ben difficilmente non sarebbero potuti piacere ai ragazzi: cioccolato e tiramisù! Infilò di nuovo la mano nel sacchetto e ne estrasse alcuni bicchierini e cucchiai di plastica.

«Svelti, ragazzi, dàteci sotto sennò si scioglie!» li invitò.

Loro non si fecero pregare. Le botte potevano aspettare... I bicchierini furono riempiti fino all'orlo una prima volta, e poi una seconda e una terza. Ma la vaschetta di gelato al cioccolato e al tiramisù doveva ancora essere finita – anche se ci mancava poco – che già il nonno ne estraeva un'altra, grossa il doppio. E stavolta di crema e nocciola. Mica male neanche questa...

Una volta finita l'ultima cucchiaiata, i sei ragazzi si guardarono in faccia. E adesso? Bisognava davvero mettersi a fare a botte? Fare a botte?! E chi ne aveva voglia, ingozzati com'erano di cioccolata, crema, nocciola e tiramisù fino alle orecchie?

I pattinatori scoccarono ai loro rivali uno sguardo sprezzante. Voleva dire: "Rimanete pure lì con i vostri miserabili *skates*, su questa piazzetta di cemento dove non fate altro che cadere. Noi abbiamo di meglio da fare..." Franci e Filippo ricambiarono con uno sguardo di risposta, che a sua volta significava: "Bravi, andatevene pure a far rotolare da un'altra parte quelle rotelle che vi mancano nel cervello". Ma nessuno aprì bocca. I quattro si allontanarono – e a loro onore va il fatto che si ricordarono di ringraziare il nonno per il gelato che aveva loro offerto – e i nostri due rimasero lì, a guardarli scomparire.

«L'unico sport che non mi è mai piaciuto è il pugilato» disse il nonno, rompendo improvvisamente il silenzio. Poi si allontanò per andare a gettare le vaschette vuote di gelato, i bicchierini usati e i cucchiai sporchi dentro il cassonetto della spazzatura. Franci gli corse dietro per aiutarlo.

«Sei stato grande...» sussurrò una voce alle spalle di Filippo.

Egli fece un salto peggio che se fosse stato investito da una tromba d'aria. "Ci risiamo!" si disse con un tremito che lo trapassò da capo a piedi. Un'altra aggressione extraterrestre...

Era stato però troppo frettoloso, non fermandosi a riflettere sul fatto che nessuno, prima di aggredirlo, gli avrebbe mai detto "Sei stato grande..." e, soprattutto, che nessuno gliel'avrebbe mai detto con la voce delicata e suadente che gli aveva appena accarezzato le orecchie. Che cosa voleva dire, allora?

Voleva semplicemente dire che alle sue spalle c'era la ragazzina più carina che egli avesse mai visto in vita sua. Alta quanto lui (qualche centimetro di più, a dir la verità...), tutta vestita di bianco, i capelli biondi sciolti sulle spalle, gli occhi azzurri, a Filippo apparve come la Beatrice di Dante[1] di cui la prof Magnavacca aveva parlato quella mattina.

Possibile che fosse stato così fortunato da trovarsela materializzata davanti proprio quel giorno? E che una simile fortuna, oltretutto, fosse capitata proprio a lui?

Pareva proprio di sì. Come avrebbe voluto allora, pensò con una fitta di rammarico,[2] essere stato davvero coraggioso, qualche minuto prima, per meritare quella bellissima frase – "Sei stato grande..." – che lei gli aveva appena dedicato!

Filippo si era innamorato già tre volte. La prima era stata per una bimba che andava all'asilo con lui e che si chiamava Francesca. Lui non ricordava niente, perché con l'inizio della scuola non l'aveva più rivista.

La seconda era durata dalla seconda elementare

1. *Beatrice di Dante*: Beatrice era la donna amata da Dante Alighieri. Nella *Vita nuova*, opera in prosa e in versi in cui egli racconta del suo amore per Beatrice, ella appare al poeta vestita di «colore bianchissimo».

2. *rammarico*: dispiacere.

fino a metà della quinta. L'oggetto del suo amore era stata una certa Stefania che adesso frequentava la scuola media di un altro quartiere, dove si era trasferita con la famiglia. Anche questa, quindi, aveva finito per non rivederla più e, un po' alla volta, era scivolata nel dimenticatoio come già era avvenuto con Francesca.

La terza volta – e questa sì che l'aveva ancora in mente! – era capitato l'anno precedente con Chiara, che era stata per qualche settimana anche la sua compagna di banco. Era stato il periodo in cui era precipitato dall'"ottimo-distinto" al "sufficiente-scarso". E si capisce! In classe non riusciva a seguire una sola parola di quanto veniva detto, tanto era preso da quella vicinanza, e a casa non faceva che pensare a lei. Sarebbe stato impossibile anche per un genio come Leonardo da Vinci studiare in quelle condizioni. Per starle più accanto dimenticava apposta anche i libri di testo, così dovevano leggere insieme dal suo, tanto "insieme" che a volte una ciocca di capelli di lei gli sfiorava il braccio. Quante note si era beccato per "mancanza di materiale"!

Quando finalmente la prof Delli Censi (quella di storia e geografia che aveva l'incarico di assegnare i posti) l'aveva tolto da lì per metterlo accanto ad Aldoloni, il compagno che nessuno voleva vicino perché aveva la malsana abitudine di togliersi le scarpe sotto il banco con tutto quello che ne conseguiva, gli era sembrato che il mondo gli cascasse addosso. Chiara aveva continuato a piacergli, naturalmente. Però quel distacco aveva fatto impallidire un po' alla volta il suo grande amore, finendo per trasformarlo in una piacevole cottarella che non metteva più a rischio il suo rendimento scolastico.

E adesso... adesso c'era quest'angelo sceso apposta dall'Olimpo[3] degli *skaters* solo per lui. Filippo ne era certo: quella splendida creatura era un dono degli dei. Un dono tutto per lui.

La splendida creatura sussurrò ancora:

3. *Olimpo*: monte della Grecia presso il quale, secondo gli antichi, era la sede degli dei.

«Sei stato grande, però un calcio avresti anche potuto dargliela!»

Il suo nome era Rossella. Era nata in questa città, ma adesso veniva da Londra dove aveva abitato durante gli ultimi tre anni.

«Mio padre è un diplomatico»[4] gli spiegò.

Filippo non aveva la minima idea di che cosa fosse un diplomatico. Sapeva che c'era una pastarella con quello stesso nome di cui la nonna era golosissima, una millefoglie farcita di crema e, in superficie, completamente ricoperta di uno spessissimo strato di zucchero a velo. Era buona, ma a Filippo non piaceva mangiarla perché si sbriciolava troppo. Il diplomatico di cui aveva parlato Rossella era sicuramente tutt'altra cosa.

Vedendo la sua confusione, lei si sentì quasi obbligata a spiegargli:

«Lavora nelle ambasciate e per questo siamo sempre in giro per il mondo. Adesso ha avuto un lungo periodo di vacanza e ne abbiamo approfittato per venire a trovare i nonni che non vediamo da tanto tempo. Resteremo per un po', dopo di che andremo negli Stati Uniti».

Filippo era completamente affascinato. Londra, gli Stati Uniti, le ambasciate... Da un istante all'altro un nuovo mondo, un mondo come quello che si vede soltanto nei film o di cui si legge solo nei libri, gli si era socchiuso davanti. Un mondo, per lui, extraterrestre non meno di quello dell'alieno di poco prima. Ed era lei, lei, Rossella, che gli stava rivelando questo mondo, così come Beatrice aveva rivelato a Dante il Paradiso... Se già non se ne fosse innamorato appena l'aveva vista, l'avrebbe fatto adesso immediatamente.

La guardò con il fiato sospeso. Temeva quasi che un sospiro più profondo potesse farla volatilizzare e disperdere lontano, là dove lei era di casa ma dove lui non avrebbe mai potuto seguirla.

La ragazza, però, era fatta di una stoffa più robusta di quanto Filippo, perduto nella propria visione d'amo-

4. *diplomatico*: persona che esercita un'attività diplomatica, ossia un'attività che riguarda i rapporti internazionali fra gli Stati.

re, non potesse immaginare. Gli strizzò l'occhio con aria complice (facendogli arrivare il cuore fin dentro il naso e il sangue dentro le orecchie, da cui sembrava che dovesse traboccare) e gli fece cenno di aspettare. Andò verso la bicicletta – una mountain bike cromata da uomo – e dalla grande sacca che era sistemata sul portapacchi posteriore estrasse un fantascientifico... skate!

Rossella era un'autentica campionessa. Filippo non aveva ancora mai visto una femmina andare in skate, ma lei gli disse che a Londra non era una cosa inconsueta.

«Ho anche due amiche, qui in città, a cui sto insegnando. Diventeranno brave in poco tempo, ne sono sicura» disse.

Filippo non ne dubitava affatto: con un'insegnante così...

Mentre Rossella era impegnata in una serie di salti particolarmente difficili, arrivò Franci che si era attardato a conversare con il nonno di Filippo.

Anche Franci strabuzzò gli occhi quando vide Rossella sul cemento del "loro" skate-park.

«Una femmina?» gli scappò detto con una smorfia. Ma subito dopo tacque, e anche in fretta, quando vide che cosa sapeva fare: quella femmina avrebbe potuto mandare in crisi l'intero reparto maschile dello skate-park al gran completo!

Rossella venne verso di loro con le guance leggermente rosate per lo sforzo e la bocca lievemente ansimante dalla quale a Filippo parve che uscissero, invece che sbuffi di respiro, petali di gardenia. I capelli le si erano un po' scompigliati sulla fronte. Gli occhi, con la luce che vi passava quasi attraverso, erano diventati due acquemarine. Il corpo snello e sottile, avvolto nel bianco integrale dei pantaloni e della maglietta, sembrava anch'esso un fascio di luce.

«Ciao...» le disse Franci con una voce così impercettibile che Filippo non fu neanche sicuro che avesse parlato davvero.

«Ciao...» rispose lei, altrettanto piano.

«Erano già venuti altre volte, quei quattro pattinatori. Sono invidiosi perché noi abbiamo un posto tutto per noi e loro no» spiegò Simone non appena, una volta ritornato allo skate-park in compagnia di Marco, fu informato dagli amici dello spiacevole accaduto.

«E perché?» chiese Filippo.

«Perché loro vogliono fare "*street*", cioè girare per la strada, liberi, qua e là. Anche noi la pensiamo così, però crediamo che sia anche importante avere un posto stabile dove allenarci, e anche ritrovarci. E poi loro li hai visti, no? Sono più eleganti, più curati di noi. Noi siamo più… selvaggi. Ma non sono tutti così. Io ho anche degli amici fra i pattinatori e mi sono molto simpatici. Non ci litigherei mai! Quei quattro lì, però… Non è mica la prima volta che vengono a provocare.»

«Se dovessero tornare… chiamateci immediatamente, capito?» disse Marco tutto arrabbiato.

Non gli andava l'idea che un altro con un apparecchio per i denti peggiore del suo venisse a rubargli il suo posto, il suo territorio. Perché di questo si trattava: della difesa della propria patria. Parlando dello skate-park Marco disse precisamente così: *patria*.

Filippo la considerò un'esagerazione ma poi, riflettendoci meglio, pensò:

"Forse non ha tutti i torti. Anche un parchetto di cemento può diventare la tua patria, se tu ci vivi sopra e ci metti dentro tutti i tuoi sogni, le tue speranze e i tuoi desideri".

Ma anche quello che gli aveva fatto capire il nonno gli era piaciuto, e cioè che la patria, pur rimanendo tua, può pure essere condivisa con un altro. Basta che non venga per fare a pugni, però, come gli aveva detto quella volta in cui gli aveva parlato di quando c'era la guerra e lui era un bambino.

Si era ormai fatto tardi. Il sole era ancora alto, ma l'orologio mostrava senza possibilità di errore che era tempo di tornare a casa a ripassare, per quello che riguardava Filippo, scienze e inglese. Anche Rossella se n'era già andata…

I quattro amici si diedero appuntamento per il pomeriggio seguente, poi si avviarono verso le biciclette, accatastate insieme fra loro e legate con le rispettive catene.

Erano di vario colore: gialla quella di Filippo, rossa

quella di Franci, verdi le altre due. E anche le biciclette erano diverse fra loro: da cross quella di Simone, una mountain bike quella di Marco, da ragazzo quella di Franci e da "uomo adulto" quella di Filippo. Ma una cosa avevano tutte e quattro in comune: le gomme bucate...

analisi del capitolo 5
a pagina 175

6
Un alunno modello

Nei giorni successivi Filippo, Franci, Marco e Simone si chiesero più volte chi fosse stato a compiere l'attentato alle loro biciclette. Non c'era bisogno di essere un meccanico superpatentato per accorgersi che non si era trattato di un eccezionale caso di foratura multipla bensì di un danneggiamento volontario, continuato ed aggravato.

«Dovrebbero dare l'ergastolo a quel delinquente, se si sapesse chi è!» si arrabbiò Simone.

Era il più impulsivo del gruppo e, quando si indignava, i suoi occhi sembravano carboni ardenti. Ma anche gli altri tre, in quell'occasione, non furono da meno. Filippo poi, che era appena reduce da un'altra foratura alla medesima gomma posteriore, era doppiamente infuriato. Va bene che era in grado di riparare quel tipo di guasti da solo (gliel'aveva insegnato il nonno, quando i suoi gli avevano comprato la bicicletta nuova), ma non per questo poteva passare la vita a rattoppare camere d'aria!

Bisognava trovare il colpevole, e metterlo in condizione di non nuocere più a nessuno.

«L'ergastolo, ci vuole l'ergastolo...» continuava a ripetere Simone.

«Basterebbero anche trent'anni» obiettò Marco.

«Facciamo quaranta» suggerì Franci. «Dieci per ogni bicicletta.»

Filippo dubitava però che si potessero comminare pene[1] tanto severe per un caso come il loro. Non dimenticava che ogni sera, quando a tavola ascoltavano tutti insieme il telegiornale, il papà non faceva altro che scuotere la testa protestando che "non c'è giustizia, non c'è giustizia" per fatti assai più gravi di quello che era

1. *comminare pene*: prevedere punizioni, stabilite dalla legge.

accaduto a loro. E, se non c'era giustizia per il male fatto nel mondo dei grandi, quale giustizia ci sarebbe potuta essere per una cattiveria commessa in quello dei piccoli?

«No, non devi pensarla così» lo rimproverò Marco. «Non ti ricordi quello che abbiamo detto soltanto pochissimo tempo fa? Che agli adulti bisogna dare fiducia. E io sono sicuro che gli adulti saprebbero come punire il colpevole.»

«Il guaio però è che noi non lo conosciamo» fece notare Simone.

«Appunto» rispose Marco. «È di questo che dobbiamo preoccuparci adesso: scoprire chi sia.»

Era esattamente quello che pensava Filippo, e anche gli altri si dichiararono d'accordo. Trovare il colpevole si presentava tuttavia come un'impresa molto difficile, quasi come cercare il famoso ago nel pagliaio. Non solo perché lo skate-park era frequentatissimo, ma anche perché era collocato di fianco a quel supermercato dal quale e verso il quale passava un'infinità di persone.

La cosa più logica sarebbe dovuta essere quella di supporre che a forare le gomme fossero stati i pattinatori in roller. Ma questa idea non sfiorò nemmeno la testa dei quattro amici. E a ragione: quello che era corso tra loro e i pattinatori era, in un certo senso, un diverbio fra sportivi, e fra sportivi ci sono regole che non vengono mai calpestate. No, quello che aveva forato le gomme era tutt'altro tipo di persona. Il problema è che non sapevano quale.

La classe che Filippo frequentava era relativamente tranquilla. I professori non facevano altro che lamentarsi, è vero, ma questo non è forse il dovere di ogni professore?

In realtà anche loro sapevano benissimo che nella seconda F non succedeva niente di grave. Qualche chiacchiera di troppo, qualche dimenticanza di compiti, qualche lezione poco studiata... e una volta Rubbolini, il compagno più grassoccio e più imbranato, che si era incastrato con il sedere nella tazza del water e non era più riuscito a venirne fuori. C'erano voluti due bidelli, uno che tirava da una parte e uno dall'altra, per riuscire a liberarlo!

A parte quello, e a parte altre cosucce che i professori avevano ingigantito ad arte[2] per spaventare gli alunni con terribili minacce se in seguito non fossero stati più che perfetti, Filippo sapeva bene che nella sua classe tutto scorreva liscio come l'olio. Ma non così era in tutte le classi...

La scuola Francotti aveva purtroppo una terribile seconda H. Già la lettera dell'alfabeto che le era toccata in sorte non giocava molto a suo favore: come si fa ad appartenere a una classe che non ha... suono? Quella disgraziata acca muta richiedeva urla e schiamazzi da parte dei propri scolari per far sapere al mondo che anche loro esistevano. Ed urla e schiamazzi infatti gli scolari della seconda H producevano in gran quantità, tanto che da muta quell'infelice letterina si era trasformata nella lettera più urlata, gridata e "sgridata" dell'intera scuola. "Una classaccia", per farla breve, come ogni scuola che si rispetti deve possedere. Era il tormento dei professori che vi insegnavano e la croce del preside Balduccini, che vi trascorreva in predicozzi non meno di una mezz'ora al giorno. Ma tutto sembrava inutile: la seconda H rimaneva una classe terribile.

Come se non bastasse, essa conteneva al proprio interno una sorta di bomba umana che rispondeva al soprannome di Spakky.

Spakky aveva anche lui, come tutti, un nome e un cognome (altrimenti, come avrebbero fatto a mettergli le note sul registro?) ma il soprannome era più che sufficiente e, tutto sommato, più adatto. Infatti, per chi non l'avesse ancora capito, stava proprio a indicare quello che significava letteralmente, ovvero "spacco tutto io", il che era la caratteristica principale di questo pittoresco personaggio.

Il nostro Spakky era un distruttore coi fiocchi. Egli si atteneva scrupolosamente a una specie di progetto di vita, che partiva ogni mattina non appena si alzava dal letto e si arrestava soltanto la sera tardi quando, stanco morto per tutti i guai combinati durante il giorno, finalmente cedeva anche lui a un sonno ristoratore. Ma – come egli stesso amava raccontare ad alta voce tanto che anche Filippo l'aveva sentito – pure nel letto, non di

2. *ad arte*: di proposito.

rado, finiva per agitarsi urlando e smaniando.[3] Forse era la cattiva coscienza che gli si rivoltava dentro, pensava Filippo.

A lui il sonno agitato veniva solo quando si comportava male, come quella volta che aveva detto la bugia sulla faccenda dello skate-park oppure quando si abbuffava di gnocco fritto, le sere che la mamma decideva di friggerlo lei e di accompagnarlo con prosciutto e salame (ma era tanto buono che valeva bene un piccolo mal di pancia notturno!).

A scuola, e non poteva essere diversamente, Spakky era l'incubo di professori, bidelle e compagni. Le bidelle veramente, mosse a compassione nel vederlo così spesso cacciato fuori dalla classe, i primi tempi avevano provato a farlo stare seduto nella loro guardiola, al pianterreno, accanto al portone d'ingresso. Lui però, dopo qualche istante di amabile conversazione che le aveva illuse di averlo fatto ravvedere,[4] aveva incominciato a fare il diavolo a quattro: ora suonava il campanello con i cinque colpi consecutivi che segnalavano l'evacuazione della scuola e allora tutte le scolaresche si precipitavano fuori, con i professori in testa, gridando "c'è il terremoto, c'è il terremoto!", ora azionava l'estintore riempiendo l'atrio di schiuma peggio che alle peggiori "schiumate" di Carnevale. Ben presto anche le bidelle dichiararono di non poterne più e che piuttosto che farsi ancora direttamente carico di Spakky sarebbero andate a farsi rinchiudere direttamente in manicomio.

Si era offerto allora il professor Mattarozzi di educazione fisica, un energico cinquantenne abituato a trattare con ragazzi esuberanti e smaniosi. «Lo porterò in palestra nelle mie ore, anche quando ho lezione con le altre classi. Proverò pure, se siete d'accordo, ad avviarlo al rugby» propose, con incauto candore, ai colleghi del consiglio di classe. Essi accettarono con enorme sollievo e, per qualche giorno, tutti si illusero che questa fosse la soluzione ideale: subissato di sport di vario genere, piegato da milioni di flessioni, sfiancato da chilometri di corse campestri, Spakky si sarebbe forse

3. *smaniando*: agitandosi.

4. *ravvedere*: riconoscere i propri errori, pentire.

dato una calmata. Ma non fu affatto così: e quando al primo allenamento di rugby egli, invece che sulla palla, si avventò immediatamente sul primo compagno avversario che gli capitò a tiro dandogli una testata nella pancia che lo fece volare dritto in meta, l'energico professore di educazione fisica dichiarò anch'egli quello che già avevano dichiarato le bidelle: «Mai più!»

Non parliamo poi del preside!

Ogni giorno, e non di rado anche più volte nella stessa mattinata, la porta della presidenza si apriva per far entrare Spakky accompagnato da qualche professore inferocito che si rivolgeva al massimo fra i massimi dei poteri scolastici per chiedere che somministrasse una punizione esemplare. Ma la punizione esemplare finiva sempre per ricadere sullo stesso preside, al quale toccava tenersi Spakky nel proprio ufficio almeno fino al termine dell'ora di lezione. Dove avrebbe potuto mandarlo? Non c'era ormai più un posto all'interno della scuola, un solo posto, dove egli potesse restare senza spaccare qualcosa o senza "rompere" qualcuno. Insomma, Spakky era quello che si definisce un teppista o, con un termine ancora più adatto all'ambiente scolastico, un bullo.

Filippo aveva talvolta sentito parlare al telegiornale di bullismo, ma aveva a lungo creduto che si trattasse di un nuovo ramo della meccanica automobilistica, qualcosa di derivato da bulloni e simili. E invece il bullismo allignava[5] anche dentro la sua stessa scuola: bastava passare davanti alla seconda H, dove si diceva che accadessero cose spaventose.

Si narrava, per esempio, che una volta Spakky si fosse arrampicato sull'armadio dove si tenevano i libri della biblioteca, minacciando di buttarsi di sotto se la prof di matematica avesse insistito per interrogarlo. Un'altra volta aveva rubato la merenda a Bertolini, un ragazzo timido come una violetta che passava l'intervallo tutto solo nascosto dietro il cestino della carta straccia. Si era fatto dare la brioche alla crema che quello immancabilmente mangiava fra le dieci e tre minuti e le dieci e tredici minuti e gliel'aveva divorata

5. *allignava*: attecchiva, metteva radici.

in faccia tutta in soli tre secondi scarsi restituendogli, alla fine, la carta vuota senza neanche una briciola!

Così era fatto Spakky: un energumeno che usava la forza bruta al posto del cervello. Ma, ci si chiedeva dentro la scuola Francotti, si era poi certi che il cervello l'avesse davvero? Forse che qualcuno gli aveva scoperchiato il cranio per verificare? Da come si comportava tutti ormai cominciavano a dubitarne, soprattutto dopo quella volta che – arrabbiatissimo per essere stato bocciato – era corso in bagno e aveva cominciato a prendere a pugni la porta, sfondandola in più punti e urlando a squarciagola come un ossesso (anche se, a dir la verità, quella volta aveva fatto un po' di compassione perché a nessuno piace essere bocciato e inoltre non bisogna dimenticare che questo a Spakky stava succedendo per la quarta volta!).

"Uno come lui potrebbe benissimo essersi divertito anche a forare le gomme delle nostre biciclette" aveva pensato Filippo quando lui e i suoi amici avevano deciso di mettersi in caccia del colpevole. Ma lui non conosceva Spakky e, quasi certamente, neppure lo conoscevano Franci, Simone e Marco; perché, quindi, egli avrebbe dovuto fare una cosa del genere? No, il colpevole doveva essere qualcun altro. Qualcun altro, comunque, che assomigliasse a Spakky, anche se a Filippo pareva impossibile che al mondo potesse esistere qualcun altro simile a lui.

Nel frattempo tutte e quattro le gomme delle biciclette erano state riparate senza perdere un istante e per Filippo, Franci, Marco e Simone la vita allo skatepark era ricominciata identica a prima. Parlottarono ancora per qualche tempo di quel brutto episodio, si interrogarono ancora su chi potesse essere il responsabile, scrutarono qua e là alla ricerca di facce che recassero qualche segno della colpa commessa, ma poi finì che ben presto si stufarono. C'erano altre cose da fare, molto più belle che non stare a cercare un bullo sconosciuto nascosto tra la folla.

«Speriamo che cambi zona» disse Simone, che solo qualche giorno prima aveva chiesto a gran voce l'ergastolo.

«Io non voglio neanche sapere chi sia» aggiunse

Franci, che aveva invocato quarant'anni di galera. E Marco, che di anni ne aveva proposti trenta?

Marco alzò le spalle, sbuffando con aria scocciata. Era l'effetto potentissimo della primavera ormai esplosa in tutto il suo fulgore, che spazzava via con forza qualsiasi pensiero che non fosse di felicità. Il sole, caldo e pieno, dilagava sui prati che, per quanto striminziti e assediati da palazzoni ed automobili, erano riusciti ancora una volta a tirar fuori il loro verde novello, tenero e brillante, e punteggiato di innumerevoli fiori viola, gialli e rossi. Sembrava che ce ne fossero dappertutto, anche perché i bimbi più piccini, vestiti con gli stessi colori, mentre correvano allegramente da una parte all'altra sembravano fiori anche loro. Pure al naso toccava la sua parte di delizie perché l'aria nuova, nonostante lo smog, riusciva a far entrare nelle narici il profumo delicato dei tigli che fiancheggiavano i viali pubblici e quello penetrante dei glicini che ombreggiavano i giardini privati.

Era assolutamente impossibile, in questo tripudio dei corpi e dei cuori, in questo inno quotidiano alla vita e all'amore, preoccuparsi per un bulletto chicchessia. Filippo, Simone, Marco e Franci si dedicarono con ancora maggior passione al loro adorato skate. Filippo, oltre che allo skate, si dedicò con ancora maggior passione a pensare a Rossella.

Rossella però non tornò. Per giorni e giorni Filippo attese invano di vederla riapparire alla stessa ora della prima volta, come se quel miracolo potesse avverarsi di nuovo solo per una banale questione di orario. Ma, per quanto frugasse con lo sguardo fin dentro le pieghe del cielo, non la vide da nessuna parte. Era scomparsa, come un sogno che si dilegua alle prime luci dell'alba.

«Aspetti qualcuno?» gli chiese una volta Marco accorgendosi che non faceva altro che interrompersi, mentre skatava, per guardare verso la pista ciclabile.

«No, no» mentì Filippo. «È il riflesso del sole che mi dà fastidio.»

E in effetti quel pomeriggio il sole picchiava forte, più del solito. Senza Rossella, però, la giornata era destinata a rimanere buia come una notte d'inverno al Polo Nord.

Anche Franci, a un certo punto, si mise a guardare l'orologio che aveva al polso o, in alternativa, l'orizzonte verso cui già puntava Filippo. Continuò così per una buona mezz'ora, forse anche di più.

La volta dopo toccò alle strutture. Un martedì pomeriggio, quando i nostri amici arrivarono al parchetto di cemento verso le solite quattro e mezza (con la novità, per Filippo, che adesso la mamma, rassicurata dal nonno, gli permetteva di andarci da solo), il danno era già stato fatto. Erano stati gli altri ragazzi ad accorgersene, quelli più grandi ai quali i genitori non riuscivano più a imporre orari fissi.

«Siamo arrivati e abbiamo trovato tutto così come lo vedete adesso. Abbiamo deciso di non toccare niente per un po' perché tutti possano rendersi conto con i propri occhi» li informò un tipo foruncoloso, dell'età di Ruggero, che Filippo credeva si chiamasse Gianluca.

«No, si chiama Alessandro» rettificò Marco. Saltò fuori poi che si chiamava Massimiliano.

Massimiliano era più dispiaciuto che non arrabbiato. Lo spettacolo che si apriva davanti ai loro occhi era infatti veramente triste.

Le strutture, le belle strutture (che, a dir la verità, erano orrende, ma soltanto per chi non capiva niente di skate) giacevano sparpagliate e atterrate come se su di loro si fosse abbattuto un violento uragano. Le pedane ricurve che servivano per prendere la rincorsa erano state capovolte e buttate fin quasi in mezzo alla pista ciclabile; i tubi erano stati divelti dal suolo e sparsi ai quattro venti come stuzzicadenti; le incastellature più alte e massicce per le acrobazie più difficili, che evidentemente erano troppo pesanti per poter essere spostate e capovolte, erano state imbrattate con numerose scritte fatte con bombolette di vernice rossa. "Come sangue che sgorga da una ferita" venne da pensare a Filippo. E, qua e là, si poteva credere che davvero stessero ancora sgocciolando, per quanto apparivano fresche. Ma lo scempio doveva sicuramente essere avvenuto molto tempo prima.

Chi l'aveva commesso era venuto probabilmente nella tarda mattinata. "Forse dopo la fine della scuola" congetturò Filippo, senza un vero perché. Questa prospettiva lo rese inquieto e gli fece tornare alla mente tutt'a un tratto il viso di Spakky, con il suo sorriso enigmatico che nascondeva chissà quali segreti.

I ragazzi dello skate, cioè gli abituali frequentatori del parchetto, dopo aver fatto un inventario dei danni si diedero immediatamente da fare per cercare di sistemare le cose e, nel frattempo, continuarono a discutere dell'accaduto.

«Mio nonno potrà sicuramente aiutarci ad aggiustare i pezzi rotti» disse Filippo. Non scordava la proposta che egli aveva fatto e che solo poco tempo prima era apparsa quasi inutile. Guarda qui, invece, com'era cambiata la situazione, e quanto in fretta!

«Bisognerebbe anche stabilire dei turni di guardia» suggerì uno spilungone di nome Lorenzo che, quando metteva i piedi sullo skate, diventava alto quasi come la struttura più alta di tutte.

L'idea però era impossibile da mettere in pratica, perché lo skate-park era all'aperto e così anche tutte le attrezzature. Qualunque malintenzionato avrebbe potuto avvicinarsi in qualsiasi momento della notte, se non del giorno, e, a meno di non assoldare un custode fisso dal tramonto all'alba e dall'alba al tramonto, non c'era modo di impedirlo.

«Spe... spe... speriamo che laa... che laa... che la polizia paaa... aaassi spesso» si augurò un biondino balbuziente che (Filippo l'aveva ammirato spesso) sapeva eseguire il doppio flip alla velocità tripla di quanto non riuscisse a pronunciare il proprio nome, che oltretutto non era altro che Pino. Doveva essere una bella seccatura, una balbuzie così grave. Ma Pino era sempre sorridente e non aveva problemi a parlare con gli altri; bisognava soltanto che gli altri non avessero fretta.

La polizia di cui egli aveva parlato era la pattuglia di ronda che ogni notte faceva un giro di ricognizione anche nei pressi dello skate-park, specialmente per sorvegliare il supermercato con tutti i prodotti che vi si trovavano.

Se fosse stato solo per i tubi e le strutture da skate non si sarebbe visto nessuno, è chiaro. I ragazzi non erano così ingenui da non saperlo. Ma, siccome c'erano da difendere prosciutti milionari e forme di formaggio quasi miliardarie, per non parlare di vini pregiati, tartufi, caviale e altre cibarie per le quali gli adulti andavano inspiegabilmente pazzi, era appunto previsto quel giro di controllo.

«E che cosa cambia? Chi vorrà fare qualcosa di male aspetterà che i poliziotti siano passati, no?» gridò qualcuno di cui non si riusciva a intravedere il volto perché era completamente sommerso da una capigliatura così fluente che faceva da copricapo, abito e cappotto nello stesso tempo. Se si stava bene attenti, tuttavia, si riusciva a scorgere un visino simpatico, con due occhi da cinesino.

«Hai ragione, Michele» concordò Massimiliano. E quest'autorevole conferma da parte del più anziano del gruppo mise a tacere ogni altra discussione sulla possibilità che qualche tipo di sorveglianza potesse avere la meglio sulle eventuali, future mosse della "banda dei bulli", come venne chiamata la squadraccia di guastatori scelti che aveva preso di mira lo skate-park e le sue attrezzature. Era impensabile, infatti, che una sola persona fosse stata in grado di smuovere tutta quella roba. I teppisti, quindi, dovevano essere due o, molto probabilmente, anche di più. Una vera e propria banda, dunque.

Rimaneva il fatto che non era possibile, al momento, individuarli né, come abbiamo visto, si potevano fare grandi piani per riuscire a beccarli in flagrante[6] qualora avessero voluto riprovarci.

Sebbene quindi fossero riusciti a rimettere ogni cosa al suo posto, gli *skaters* rimanevano piuttosto abbacchiati: in qualunque momento la banda si sarebbe potuta scatenare ancora e loro non avrebbero potuto far niente per impedirlo.

«Seeeee li trooo... vo, liiiiii stroo... oooozzo!» sbottò Pino, dando voce al pensiero di tutti. Gli *skaters* erano persone pacifiche e gentili, come Filippo aveva avuto modo di apprezzare da quando li frequentava, e anche con lui, che era uno dei più piccoli, erano stati prodighi di consigli e disposti in ogni momento ad aiu-

6. *in flagrante*: mentre stavano compiendo la loro azione devastatrice.

tarlo e a incoraggiarlo. Ma, come si era accorto lui stesso quando era stato messo a dura prova dai pattinatori di roller, ci sono delle situazioni in cui anche l'agnello può trasformarsi in belva… E il "belato" di Pino, a questo proposito, era piuttosto eloquente!

La mattina seguente Filippo, come al solito, si recò a scuola e, come al solito, quando suonò la campanella delle dieci si accinse a fare l'intervallo con i suoi compagni.

Estrasse dallo zaino la merenda, che quel giorno consisteva in una tavoletta di cioccolata con le nocciole, ma non è che ne avesse particolarmente voglia. La prof di matematica aveva talmente rimbambito tutti con le sue spiegazioni alla lavagna che gli sembrava di vederci doppio e, soprattutto, più che la fame gli era venuto un sonno pazzesco.

La matematica decisamente non era il suo forte, anche se il papà voleva sostenere a tutti i costi di sì. Nonostante l'evidenza che ad ogni anno si faceva sempre più netta, egli si ostinava a volersi illudere che Filippo avrebbe sicuramente scelto, dopo le scuole medie, prima il liceo scientifico e poi la facoltà universitaria di ingegneria. Che cosa glielo facesse credere Filippo non l'aveva mai capito, visto che in matematica raggiungeva a stento il giudizio di "buono". E quel giorno, in particolare, si sentiva con un piede ancora più in basso, verso il baratro dell'anonima sufficienza e nulla più (dove, tra l'altro, era precipitato un terzo della classe). Egli in quel momento non era dunque dell'umore migliore per affrontare la vita nelle sue infinite sfaccettature. Così, quando si trovò davanti il grugno di Spakky, dapprima non trasalì neanche.

Gettò un'occhiata indifferente agli occhi cisposi sormontati dalle sopracciglia aggrottate, alla bocca atteggiata a una smorfia di scherno, alla mascella contratta e protesa in avanti, pronta a scattare come una molla. Era una faccia, una faccia come un'altra; più sgradevole di qualsiasi altra, sicuramente, ma che non gli interessava nemmeno un po'. Scartò la tavoletta di cioccolata e cominciò a mangiarla.

«E a me non ne offri, pischello? A me non ne offri?» lo apostrofò il bestione alitandogli sulla faccia.

Filippo fece un salto all'indietro, svegliandosi tutto d'un colpo. Non era mai successo che Spakky gli rivolgesse la parola e la cosa non prometteva niente di buono.

«Dici a me?» si informò cautamente.

«E a chi, sennò?» fece l'altro avanzando fino a sfiorargli il petto.

L'alito di Spakky, che Filippo fu costretto a sentire per la seconda volta, era quanto di più repellente fosse mai capitato sotto il suo naso. Un'autentica arma biologica. Filippo si sentì svenire ma strinse coraggiosamente i denti, cercando di resistere. Il cavernicolo però continuava a stargli sotto e, naturalmente, a fiatargli addosso.

Filippo cercò allora di ripescare nella memoria olfattiva soavi ricordi di *bouquet* di fiori, di rose appena colte e anche di lasagne al forno.[7] Odori che avrebbero potuto aiutarlo a salvarsi dal cadere a terra tramortito. Fortunatamente Spakky, dopo aver premuto ancora qualche secondo il suo petto contro quello di Filippo, si spinse indietro all'improvviso facendo fuoriuscire una risata secca come uno schiocco di frusta:

«Hai paura, eh, vermiciattolo? Hai paura, eh?»

Ora, il sentirsi chiamare vermiciattolo, e per di più davanti a mezza classe (comprese le compagne femmine), non era cosa che si potesse far passare liscia. Richiedeva come minimo un commento.

Filippo tuttavia indugiava ad aprir bocca a sua volta (a parte il fatto che non disponeva di un alito altrettanto efficace). A trattenerlo era soprattutto il fatto che non capiva dove l'altro volesse trascinarlo. Vedeva aprirsi davanti a sé un gorgo scuro e senza fondo e non aveva nessuna voglia di andare a ficcarvisi dentro. Spakky scambiò la sua riluttanza per paura e aumentò la dose:

«Mammoletta, te la fai sotto? Te la fai sotto?»

Questo era davvero troppo. Filippo stava per cantargliene quattro (o, se non altro, aveva intenzione di provarci), ma proprio in quel momento suonò la campanella della fine dell'intervallo (e così, purtroppo, non

7. *Filippo... lasagne al forno*: Filippo cerca di usare la sua memoria degli odori per recuperare il profumo dei mazzi di fiori e di altre cose dagli odori gradevoli.

sapremo mai che cosa avesse intenzione di dire). Si limitò a un'occhiata, che nelle sue intenzioni avrebbe dovuto incenerire il provocatore.

Spakky però non solo non ne fu incenerito, ma rimase fermo al proprio posto, ritto sulle gambe divaricate, con l'indice minacciosamente sollevato verso di lui e il ghigno ancora più marcato.

«Tu...» esclamò agitando il dito. «Tu...» ripeté come una maledizione.

Filippo si sentì tremare.

Ma che cosa mai gli aveva fatto? Si può dire che non sapesse neanche chi fosse! Come mai di punto in bianco se la prendeva con lui?

La prof di lettere, che si apprestava a dare il cambio alla collega, stava venendo su dal pianterreno e la sua testa ormai, mentre ella saliva le scale, sbucava all'altezza del pianerottolo. La seconda F si sarebbe già dovuta trovare in classe, ma nessuno voleva allontanarsi da Spakky e Filippo. Volevano vedere che cosa sarebbe successo.

"E che cosa deve succedere?" si chiese Filippo. Gli era venuto in mente un film che aveva visto qualche giorno prima e che raccontava la storia di un pestaggio ai danni di un poveraccio che non aveva fatto niente di male. Ne aveva prese tante, quel disgraziato, che si era sentito ammaccato anche Filippo nonostante se ne stesse comodamente seduto in poltrona dall'altra parte dello schermo. "Perché devo farmi spaccare la faccia da questo troglodita[8] che non so neanche chi sia?" si disse con molto buon senso.

«Scusa, ma è tardi e devo andare in classe. Ciao» rispose a Spakky in fretta e furia, facendo il gesto di voltarsi per dirigersi verso la propria aula.

L'altro lo afferrò per la manica della maglietta e sibilò freddamente:

«Sta' attento a te, microbo! Sta' attento a te!»

Aveva l'abitudine di ripetere, in tutto o in parte, la frase appena pronunciata. "Forse perché fa fatica a formularne altre" pensò Filippo con un pizzico di sana cattiveria. In ogni caso, qualunque frase gli avesse detto,

8. *troglodita*: essere umano molto arretrato e primitivo.

avrebbe ribadito sempre il medesimo concetto di voler attaccar lite con lui.

Fermo nel suo proposito di non cascarci, Filippo non disse più nulla e si voltò decisamente. Fu allora che gli giunse "la" frase, quella che sotto sotto fin dall'inizio si era aspettato di sentire:

«A me non piace lo skate, hai capito? A me non piace!»

Stavolta c'era ancora meno bisogno che Spakky ripetesse la frase.

Filippo l'aveva capita al volo, e aveva capito anche tutto quello che l'altro non aveva detto.

analisi del capitolo 6
a pagina 180

7
La banda dei bulli

Minacciava da un momento all'altro un terribile temporale. Le nuvole si erano radunate tutte insieme, al margine occidentale della città, proprio sopra la zona dove si trovava lo skate-park. Si era mai vista una scalogna simile? Ancora cinque minuti, e sarebbe diluviato.

Era cominciata verso le tre del pomeriggio, con l'improvviso oscurarsi del cielo in quella direzione. Filippo aveva tenuto d'occhio con crescente apprensione l'evolversi della faccenda e, se fosse servito a qualcosa, avrebbe soffiato con tutta la forza dei propri polmoni per spingere via il pericolo incombente. Mancava meno di un'ora alle quattro e mezzo; se le cose non fossero cambiate, per quel giorno avrebbe dovuto dire addio all'appuntamento quotidiano.

«Non vai allo skate-park?» chiese Ruggero passando davanti alla porta della sua camera.

Filippo lo sapeva bene che era il suo modo di chiedergli se era contento di aver imparato ad andare sullo skate. Era stato lui, il fratello maggiore, che gliel'aveva fatto conoscere "dal vivo" e, da quello che gli avevano riferito gli amici dello skate-park, ne andava molto fiero. Quel giorno però Filippo lo guardò meravigliato:

«Non ti sei accorto di che tempo fa?»

«No, perché?»

Sempre così: Ruggero sembrava tanto sveglio e poi... Certe volte Filippo si chiedeva sconsolato a che cosa servisse avere quei tanto sospirati diciassette anni se poi il risultato doveva essere quello (anche se in altre circostanze, quando gli faceva comodo, Ruggero sapeva essere sveglissimo...).

«Hai visto i miei occhiali da sole?» continuò a chiedere imperterrito il fratello. «Devo uscire e non riesco a trovarli.»

Magia delle parole! Come evocato dalla frase di Ruggero, un improvviso raggio di sole si fece largo con decisione in mezzo alle tenebre che lo circondavano e si infilò con baldanza attraverso la finestra, andando a illuminare con un bagliore impetuoso proprio la scritta "*W LO SKATE*!" che continuava ad occupare mezza bacheca.

Filippo si precipitò a guardar fuori.

Dentro il nero della nuvolaglia uno squarcio d'azzurro andava allargandosi sempre più e il sole, da lì dentro, sorrideva con tutta la sua forza. "Te l'ho fatta" sembrava ammiccare al temporale.

In cinque minuti lo squarcio diventò immenso. Il temporale – ridotto a brandelli, sfilacciato in innumerevoli stracci di un grigio sporco, costretto nell'angolo più remoto del cielo – era stato sconfitto. Filippo si precipitò in cortile a slegare la bicicletta dopo aver assicurato la tavola sul portapacchi posteriore grazie ad alcune grosse cinghie di elastico.

Mentre si affannava verso lo skate-park, anche le ultime macchie scure si dileguarono definitivamente. La giornata era ritornata un paradiso da vivere istante per istante.

E anche il parchetto di cemento era ridiventato un luogo di delizie. Rimossa ogni traccia del vandalismo subito, le strutture erano ritornate in piedi, ognuna al proprio posto, e pure le scritte vergognose – la più affettuosa delle quali era "Sbudella la rotella!" – erano state cancellate con acquaragia e raschietto. Ora si riconosceva di nuovo il logo della "MelArancia", accanto ad altre decorazioni copiate dalle riviste degli *skaters* internazionali.

«È stato bravo tuo nonno» disse Marco.

A Filippo il complimento fece molto piacere, anche perché era assolutamente meritato. Il nonno, quando l'aveva informato dell'accaduto (raccomandandosi di non dir niente alla mamma, però, altrimenti avrebbe ricominciato con le sue prediche ripristinando, magari, anche il precedente divieto di frequentare il posto), era subito corso a vedere di persona.

Si era aggirato a lungo, seguito dalla coda dei ragazzi ammutoliti, fra i ruderi di quello che era stato uno skate-park perfettamente attrezzato e, dopo aver scosso la testa tre o quattro volte borbottando "che tempi, che tempi!", si era voltato verso di loro con il suo solito sorriso sulle labbra esclamando allegramente:

«Forza, giovanotti! Qui ce n'è per tutti!»

Sferzati dalla sua energia, e sotto la sua guida esperta, gli *skaters* avevano risistemato tutto. Il nonno, oltre alla direzione dei lavori, si era ritagliato per sé anche il ruolo di falegname, riparando le strutture che non solo erano state divelte e rovesciate ma anche fracassate in più punti.

«O è stato Hulk in uno dei suoi momenti migliori oppure erano almeno in tre o quattro» aveva commentato valutando i danni con occhio critico. Era stato allora che si era consolidata definitivamente la teoria della "banda dei bulli". Soprattutto dopo che Spakky aveva rivolto a Filippo quella frase così allusiva riferita allo skate...

«Ma non si può accusare qualcuno senza prove!» obiettò a ragione quel pomeriggio Marco, dopo che Filippo ebbe raccontato quanto era successo a scuola nell'intervallo.

«Però possiamo tenere d'occhio lui in particolare. Vedrai che prima o poi, se è colpevole, qualcosa si lascerà sfuggire» propose Franci.

«Com'è fatto questo Spakky?» domandò Simone. «Non abbiamo neanche un identikit. Come faremo a riconoscerlo?»

Anche questo era vero. Il compito di fornire una traccia visiva ricadde naturalmente su Filippo, che era l'unico che lo conoscesse. A portata di mano, però, in quel momento non c'era né carta né matita. Filippo rimandò l'operazione a più tardi, quando fosse tornato a casa. Avrebbe portato con sé il disegno il giorno seguente.

«Mamma mia, che ceffo!» gridarono a una sola voce Franci, Marco e Simone quando misero gli occhi sul ritratto che Filippo aveva completato giusto cinque minuti prima di venire allo skate-park.

Quello che li guardava sogghignando dal foglio di carta in A4 era uno dei gaglioffi[1] più paurosi che il mondo degli adolescenti cittadini avesse mai prodotto

1. *gaglioffi*: furfanti.

fino ad allora. Filippo aveva preparato anche una ricostruzione a figura intera, ancora più raccapricciante.

Tarchiato, le gambe storte accentuate dall'andatura da cowboy, qualche precoce problema di pancetta e rotolini di grasso sui fianchi, un viso largo con la mascella quadrata che sporgeva in avanti, il naso storto (si vociferava di un pugno datogli con convinzione da un ragazzo delle superiori della sua stessa risma, ma molto più grande e grosso), la fronte bassa per via dell'attaccatura dei capelli – neri con alcune larghe mèche biondo platino – che arrivava fin quasi a congiungersi con le sopracciglia, e i capelli stessi drizzati sulla testa di almeno dieci centimetri grazie alla quantità industriale di gel che usava in continuazione (se lo dava anche per strada, schizzandolo direttamente dal tubetto che teneva in tasca e poi stirandosi il ciuffo verso l'alto con le dita), i denti storti che andavano in tutte le direzioni – ah, come gli sarebbe servito un apparecchio come quello di Marco! –, il collo tozzo e corto, Spakky non sarebbe sicuramente arrivato alla finale dell'Uomo Più Bello d'Italia. Pazienza, però, se si fosse trattato solo dell'estetica... Ma il suo vero problema, purtroppo, era un altro.

«Di ragazzi brutti ce ne sono tanti, poveretti, eppure non sono mica tutti come lui!» osservò giustamente Simone che era invece, per sua fortuna, un tipetto niente male.

Filippo lo sapeva bene perché, quando le sue compagne di classe avevano saputo che lo conosceva, l'avevano subissato di richieste per averne l'indirizzo e il numero di telefono, pretendendo anche di usarlo come postino per recapitargli le loro fotografie con dedica. Tutta questa smania nei confronti di Simone aveva finito per dargli un po' di fastidio benché si rendesse conto di essere, rispetto a lui, quasi da buttar via.

Quando si guardava nello specchio – e quante volte lo faceva, di nascosto a tutti, rinchiudendosi nel bagno con la scusa di leggere in santa pace un giornalino! – vedeva uno smilzetto con i muscoli ancora invisibili (ma lui era sicuro che, da qualche parte, ci fossero già e che si trattasse solo di avere un po' di pazienza...), il toracino stretto, un visino che era la metà di quello di Spakky, un gran ciuffetto di capelli castano chiaro ("quasi biondi", prego!) che la mamma non gli permetteva di tenere lunghi (la qual cosa avrebbe potuto, ne era sicuro, conferirgli un fascino straordinario), due occhietti vispi e birichini che sembrava avessero dentro una lampadina sempre accesa, un nasino che ancora nessuno aveva preso a pugni (e lui sperava vivamente che questo non avvenisse mai) e una bocca quasi sempre sorridente e piena di denti candidi e, a suo parere, più che diritti (non però secondo l'opinione del suo dentista, ben intenzionato a "impiombarlo" senza pietà).

Filippo era un ragazzino molto carino, ma lui non poteva accorgersene. Nessuno, a tredici anni, riesce a vedere veramente il proprio volto e il proprio corpo come sono in realtà e, anche se fosse il più bell'essere umano mai apparso sulla faccia della terra, pure sarebbe convinto di essere il più brutto. Ci vuole, come per i muscoli, un po' di pazienza...

Glielo diceva sempre anche la nonna: «Col tempo e con la paglia maturano le nespole». Filippo si era fatto spiegare che cosa quel proverbio volesse dire, ma l'essere stato paragonato a una nespola non è che l'avesse confortato più di tanto. Nel caso di Spakky, tuttavia, la bellezza e la bruttezza in sé e per sé c'entravano poco.

«Io ho tanti amici brutti che sono simpaticissimi e buoni» disse Marco.

«E io ne conosco alcuni a cui tutte le ragazze fanno il filo e che sono orrendi e odiosi» si lasciò sfuggire Filippo.

Si pentì immediatamente della malignità che aveva appena detto. L'invidia – anche questo gli diceva sempre la nonna – è una consigliera da non ascoltare mai. E poi a Simone, che era sicuramente buono e simpatico oltre che bello, egli voleva davvero tanto bene. "Lo farò conoscere alle mie compagne di classe" promise a se stesso come autopunizione.

Anche Franci aveva da dire la sua. Dopo aver scrutato con attenzione l'identikit che aveva preparato Filippo e dopo avere ascoltato il parere dei compagni, se ne uscì con un'osservazione che nessuno aveva ancora fatto:

«È una questione di intelligenza».

«Che cosa vuoi dire?» domandarono gli altri, che ascoltavano sempre con il massimo rispetto ogni parola di Franci. Non solo perché era più grande di loro tre, ma anche perché aveva un modo calmo di parlare, misurando tutto ciò che diceva, che faceva venir voglia di ascoltarlo e, quasi sempre, di dargli ragione.

«Voglio dire» spiegò Franci «che a questo sfortunato manca l'intelligenza. Guardate i suoi occhi. Vedete? Sono opachi, spenti. Vuoti.»

Gli altri tre si chinarono ad osservare meglio. Era vero: lo sguardo che Filippo aveva abilmente disegnato era un'occhiata priva di quella luce che costituisce l'umanità. Ciò che rimaneva – il contorno di ossa, carne, capelli e denti – era soltanto un involucro senza contenuto.

«Come la confezione di un videogioco dentro la quale manchi il cd» sintetizzò Simone.

«Eh, queste sì che son disgrazie...» concluse Marco sospirando.

Ma poi Rossella tornò. Quando Filippo si girò per prendere lo skate e la vide lì, accanto alla balaustra, che sorrideva con il bel viso incorniciato dall'aureola bionda dei capelli, per poco non gli prese un colpo. Si accorse di diventare rosso, ma che dico? scarlatto fin sulla punta delle dita dei piedi. Rossella però non stava sorridendo a lui, ma a Franci...

"Tra il rosso che mi sento addosso io, quello dei capelli di lui e il nome che porta lei, facciamo davvero un bel terzetto!" mugugnò fra sé e sé, cercando di trovarci qualcosa di umoristico. Ma si sentiva morire. E, d'altra parte, non era così che finivano tutti gli innamorati non ricambiati? Non morivano di crepacuore in preda ai più atroci tormenti e ai più lancinanti morsi di gelosia?

Quel giorno Rossella era vestita completamente di giallo. Non era sola; l'accompagnavano altre due ragazzine, presumibilmente le due amiche di cui aveva parlato. Una, piuttosto carina pure lei, con i capelli ricci, corti, e gli occhi neri, si chiamava Fulvia. L'altra, un po' massiccia anche se non proprio grassa, i capelli lunghissimi e neri tenuti indietro da un cerchietto, era Simona.

Dopo le presentazioni, tutte e tre fecero capire di avere voglia non di chiacchierare ma di esercitarsi sui loro *skates*.

«Abbiamo poche occasioni per farlo, e poi dobbiamo approfittare della presenza di Rossella» spiegò Simona, che era molto affabile e alla mano nonostante il suo aspetto fisico incutesse una certa soggezione. Aggiunse anche che aveva imparato ad andare in skate dal fratello, che adesso studiava ingegneria a Milano.

«Io invece ho imparato da un mio cugino, un'estate in cui abbiamo passato le vacanze noi due da soli, in montagna, insieme con le nostre famiglie» disse Fulvia. «Nel paesetto dove eravamo finiti non c'era niente da fare perciò, visto che Mauro – così si chiama mio cugino – si era portato dietro lo skate, non abbiamo fatto che andarci sopra per tutto il mese di luglio. Mi è piaciuto talmente tanto che dopo ho continuato anche da sola. Ma provo soltanto nel cortile di casa o alla pista di pattinaggio.»

Anche loro due erano brave ma non quanto Rossella che, come le batteva in grazia e in bellezza, era anche indiscutibilmente superiore a loro nell'eseguire flip e ollie.

Ben presto ogni ragazzo presente allo skate-park si accorse della sua incredibile abilità e smise di correre e di skatare per poterla ammirare. Tutti gli occhi erano fissati su quella meravigliosa farfalla che leggiadramente e audacemente volteggiava su qualsiasi struttura, alta e bassa, incontrasse sul suo cammino.

Filippo non riusciva quasi a deglutire. La fissava così intensamente che a un certo punto gli sembrò che l'intero universo fosse diventato giallo come quel puntino d'oro che adesso slaidava e grindava sul tubo più alto di tutti, il tubo dove lui – ne era sicuro – non sarebbe mai arrivato neppure a piedi.

«Queste femmine... Ha ragione mio padre: non ci si salva più!» borbottò Simone.

Sembrava indispettito. A quelle parole Marco si mise a ridere, allentando un po' l'atmosfera. L'incantesimo era ormai rotto e un po' alla volta gli altri ripresero a skatare, senza più curarsi delle tre ragazze.

L'unico a non dire una parola, oltre a Filippo che

continuava a boccheggiare per l'emozione, fu Franci. Neppure per un attimo egli staccò gli occhi di dosso a Rossella.

Quando lei finalmente scese dall'alto e venne a posarsi di nuovo accanto a loro, Filippo si accorse che qualche cosa era successo. Ma soltanto Franci e Rossella avrebbero saputo dire che cosa.

Fu come una coltellata, una coltellata che avesse aperto una ferita lungo tutto il corpo. Così era quel rosso che ricopriva ogni centimetro di tubo. Rosso sangue.

Il vandalismo si era ripetuto, ma stavolta si era abbattuto esclusivamente sui tubi metallici sui quali si slaidava e si grindava. Da scuri che erano, di rude metallo abbrunato dal tempo e lucidato dall'uso, autentici pezzi forti di ogni skate-park degno di questo nome, sembravano diventati adesso le graziose strutturine metalliche colorate di un parco-giochi per bambini, quelle sulle quali i piccoli si divertono a fare capriole e facili volteggi. Oltre al danneggiamento, si configurava anche il reato di beffa aggravata!

Ci fu immediatamente una seconda riunione fra gli *skaters*, in cui gli animi diventarono anch'essi rossi come la vernice che aveva imbrattato quei tubi. Rossi di rabbia.

«Gli tiro il collo, se li trovo! L'ergastolo è troppo poco!» si mise a gridare Simone al colmo dell'indignazione.

«Haaaa... haaai proprio raaa... raaagione» urlò Pino. Che poi, con grande stupore dei compagni, sparò un'intera frase senza interruzioni:

«Devono smetterla una volta per tutte, altrimenti istituiremo delle ronde notturne e diurne da qui fino all'eternità, se occorre!»

Tanto fu l'effetto di quell'atto delittuoso[2] sulle loro giovani menti che – così come lui aveva all'improvviso smesso di balbettare – perfino se fossero stati storpi, come dice la Bibbia, si sarebbero messi a correre se solo avessero avuto qualche possibilità di inseguire l'autore di quegli ignobili gesti. Ma rimaneva il solito

2. *delittuoso*: criminale.

problema che non si sapeva assolutamente chi inseguire.

Massimiliano – a cui nel frattempo, forse a causa dell'agitazione, era comparso un altro centinaio di brufoli che davano alla sua faccia l'aspetto di un cratere lunare – disse che la mattina i tubi erano ancora intatti perché li aveva visti con i propri occhi, dato che era venuto ad allenarsi, e che, per lo stesso motivo, era tornato fin dal primo pomeriggio quando, invece, li aveva trovati imbrattati. L'azione, quindi, era stata commessa a ridosso dell'ora di pranzo, quando anche il supermercato e le zone adiacenti si svuotavano quasi del tutto.

"Più o meno all'ora dell'uscita da scuola" venne ancora una volta in mente a Filippo.

Egli – che un'idea, come si sa, se l'era già fatta – era sempre più del parere che non si sarebbe mai venuti a capo di quella faccenda se non ci si fosse decisi ad andare alla radice. E la "radice" lui era sicuro ormai al novantanove per cento di sapere quale, o chi, fosse...

Prese allora su due piedi, senza dir niente a nessuno, una decisione che, indipendentemente dal risultato, avrebbe meritato una medaglia d'oro al valor civile (a questa decisione, inutile dirlo, non fu estraneo il pensiero di Rossella...): egli sarebbe andato cioè a parlare di persona a Spakky, da uomo a uomo, per invitarlo risolutamente a smettere una volta per tutte. Sempre ammesso che il colpevole fosse lui... Su questo però, per quello che lo riguardava, non aveva più dubbi, soprattutto dopo aver trovato sul luogo dell'atto teppistico due indizi oltremodo significativi che, uniti al resto, fornivano un quadro per lui ormai completo e convincente.

Gli indizi che Filippo aveva trovato erano una scritta – "*Spakko tutto*!" –, che già era apparsa sui muri esterni della scuola Francotti in occasione dell'ultima bocciatura di Spakky e che alcuni testimoni avevano detto di aver visto vergare da lui in persona, e un fazzoletto nero con un teschio enorme, uguale identico – se non addirittura lo stesso! – a quello che Spakky portava abitualmente.

Certo, due indizi non fanno una prova. Ma, insieme al resto, concorrevano a delineare un possibile colpevole ben preciso. Filippo però non poteva additarlo pubblicamente prima di esserne davvero sicuro: non si poteva proprio farlo, neanche se si trattava di Spakky. Ecco perché aveva preso l'eroica decisione di affrontarlo da solo (faccia a faccia o – che poi era la stessa cosa – *vis-à-vis*, come diceva, facendo addirittura ricorso al francese, la prof Magnavacca quando sollecitava gli alunni più negligenti a farsi interrogare esponendosi alle raffiche delle sue implacabili domande senza nascondersi dietro i compagni più preparati). *Vis-à-vis*, come in un duello all'ultimo sangue. Al solo pensiero Filippo si sentì mancare.

Le classi sciamarono festosamente nell'ampio giardino che circondava la scuola media Francotti. Quando c'era la bella stagione, come adesso, era sempre lì che si trascorreva l'intervallo, dove anche i professori tiravano finalmente un sospiro di sollievo. L'intervallo all'interno dell'edificio era infatti un momento che loro temevano grandemente e che cercavano di scongiurare in tutti i modi: c'era chi proponeva agli alunni interminabili tornei di scacchi da riprendere giorno dopo giorno per mesi e mesi, chi li invitava a portarsi da casa il *game-boy*, chi addirittura tirava fuori di tasca un mazzo di carte e suggeriva di farsi una bella partita a briscola. Qualsiasi cosa, purché se ne stessero quieti e tranquilli fino allo squillo della campanella che avrebbe sancito il termine della ricreazione. Quando invece il tempo lo permetteva, si andava appunto all'aperto.

I problemi allora si riducevano moltissimo, perché il solo fatto di essere all'aperto dava ai ragazzi l'illusione di essere liberi e questo li rendeva immediatamente più calmi. Bisognava soltanto controllare che nessuno dei maschi si mettesse a spintonare i "piccoli" – era un gioco, questo, che sembrava non voler mai passare di moda – o a giocare a pallone (portandosi dietro la palla nascosta sotto la maglietta, deformata all'inverosimile), perché nel primo caso si sarebbe potuto far male qualcuno e nel secondo si sarebbero potuti rompere i vetri delle finestre. E, per quanto riguardava le femmine, che a gruppetti non si attardassero oltre l'orario consentito dentro i bagni (luogo che esse sembravano preferire a qualsiasi altro ambiente scolastico) per scambiarsi pettegolezzi e confidenze. Quanto al resto... via libera! L'intervallo diventava un piacere per tutti, anche per i docenti che potevano sorvegliare gli alunni pur concedendosi due chiacchiere con il bicchierino del caffè preso dalla macchinetta posta nell'atrio.

Il momento scelto da Filippo per affrontare Spakky aveva quindi tutte le caratteristiche per essere quello ideale. Egli guardò in giro per vedere se riusciva a individuarlo e lo scorse in mezzo a un manipolo di alunni selezionati con cura tra il fior fiore dei peggiori prodotti della scuola media Francotti. Erano in cinque, contando anche lo stesso Spakky che, fra gli altri quattro che lo ammiravano a bocca aperta e ad occhi spalancati, si stava esibendo in un'imitazione riveduta e... scorretta di Terminator.

Filippo si avviò verso di loro felice come se fosse dovuto andare al patibolo: ma ci sono delle cose che vanno fatte comunque, anche se non si ha nessuna voglia di farle. Parlare con Spakky era una di quelle.

Per prima cosa, però, ci fu il problema di farsi... vedere. I compagni di Spakky infatti lo circondavano ed erano tutti più alti e massicci di Filippo. Egli decise allora di passare sotto le braccia di due di loro, che in quel momento nel discutere le stavano tenendo sollevate. Un attimo, e si trovò davanti a Spakky.

«Guarda un po' chi c'è» esclamò quest'ultimo, restando a metà della prodezza che stava raccontando. «Il nanerottolo della seconda F!»

Filippo si sentì avvampare per l'offesa. Non era affatto un nanerottolo, e avrebbe voluto ricordarglielo ben bene. Ma l'avere ancora una volta quell'essere primitivo davanti al naso gli incuteva terrore e quindi si trattenne volentieri, anche perché non era il caso di partire con il piede sbagliato. E poi – siamo sinceri – che cosa avrebbe mai potuto dire? Scelse un'altra strada (sperando ardentemente che fosse quella giusta), che partiva con questa frase:

«Scusa, Spakky, potrei parlarti un attimo se non ti dispiace?»

Il tono gentile e il tenore della domanda ammutolirono il gruppuscolo e il loro capo. Non era mai capitato che qualcuno, tanto meno un ragazzino più piccolo, si rivolgesse loro in quel modo.

Filippo approfittò del vantaggio acquisito per girare un timido sorriso all'intorno, sui compagni di Spakky, che sarebbe dovuto servire per ingraziarseli ulteriormente. Quando però vide i volti scuri e ottusi che lo fissavano ostili, ritirò il sorriso e rimase fermo come una statua e muto come un pesce. "O la va o la spacca" pensò. Si augurava soltanto che, se doveva "spaccare", questo avvenisse almeno a ridosso della fine dell'intervallo, così il suo patire sarebbe stato breve. Ma anche così, anche solo aspettando la risposta di Spakky, il supplizio appariva interminabile.

Costui non sapeva davvero che cosa rispondere, perché evidentemente la proposta di Filippo l'aveva spiazzato. Espresse questa indecisione con una lunga serie di «Gnnnnrrrrr... Uff... Blahhhhh...» che potevano voler dire tanto che era d'accordo quanto che Filippo aveva le ore contate. Ma, per fortuna, prevalse la prima opzione e Spakky, facendo un brusco cenno col capo, indicò a Filippo di seguirlo accanto al roseto in fiore che ornava l'angolo più appartato del giardino.

Era questo un luogo dolce e delizioso in cui si veniva immediatamente avvolti e rapiti dal penetrante profumo delle rose già tutte sbocciate. Rose rosse, rosso sangue...

Quel colore fece tornare in mente a Filippo il motivo per cui aveva avvicinato Spakky (motivo che, preso dal panico del trovarsi a tu per tu con lui, stava quasi per dimenticare) e nello stesso tempo gli fece anche tornare in mente la prepotenza che tutti loro ragazzi dello skate-park avevano subìto. Ma adesso basta! Era giunto il momento di vendicarsi. Lui era lì per questo...

Vendetta però era una parola che non trovava posto nel vocabolario di Filippo. Un po' perché non era stato educato alla vendetta, un po' perché non faceva parte del suo carattere. Così, invece delle parolacce, degli insulti e delle minacce che Spakky si sarebbe forse potuto immaginare (ammesso che avesse avuto il fegato di rivolgerglieli), egli gli pose una sola, tranquillissima domanda per la quale era necessario forse ancora più coraggio e che su di lui ebbe un effetto sconvolgente:

«Scusa, vorrei sapere se ti ho fatto qualcosa di male. In tal caso ti chiedo scusa perché l'ho fatto senza volere».

«Oehmmm?» mugugnò Spakky che, tradotto, voleva dire: «Ma di che cosa stai parlando?»

«Temo di aver capito – ma potrei anche sbagliarmi – che lo skate non è di tuo gradimento, come del resto tu mi hai fatto gentilmente sapere non più tardi di qualche giorno or sono. A me questo dispiace molto. Non avrei mai voluto darti fastidio e vorrei trovare il modo per non dartene più. Potrei quindi smettere di andare in skate, se così preferisci. Oppure... sarei molto lieto se tu volessi concedermi il piacere di accompagnarti oggi pomeriggio allo skate-park per farti vedere da vicino questo skate che tu credi che ti infastidisca tanto. Forse, è la mia modesta opinione, pensi così soltanto perché non lo conosci. Forse, se posso osare dirlo, perché non sai andarci sopra. Se tu volessi venire... potrei farti io stesso da guida e da istruttore, se lo desideri.»

Filippo smise finalmente di parlare, meravigliandosi lui per primo di quello che aveva tirato fuori. Ma che cosa aveva detto? E quali parole antiquate aveva scovato? E, soprattutto, che cosa avrebbe risposto Spakky, se per caso ne avesse capito il significato?

Quest'ultimo però non mostrava alcuna intenzione di voler dare una risposta o forse, semplicemente, non era in grado di farlo. Continuava a fissare Filippo con aria imbambolata, come ipnotizzato. Poi, da lontano, si sentì il suono della campanella. L'intervallo era finito.

Gli alunni si affrettarono (chi più chi meno) verso la grande porta a vetri che immetteva nell'edificio. I professori li spingevano da dietro, come pastori con un gregge di pecore. E ancora Spakky non rispondeva.

«Ti aspetto alle cinque allo skate-park» gli disse allora Filippo, non sapendo cos'altro fare. Poi girò sui tacchi e si avviò anche lui a raggiungere i compagni. Si aspettava, camminando, di sentirsi piombare addosso come minimo una parolaccia. Ma da dietro giungeva soltanto il silenzio...

Quando si fu messo a sedere nel proprio banco, con accanto Bertolini che ancora mangiava le ultime briciole della merendina, si accorse di essere tutto sudato.

Poi avvertì sul braccio la leggera pressione di una mano. Era della prof Magnavacca.

«Sta' attento a chi frequenti, Filippo! Hai capito? Mi raccomando!» esclamò passandogli accanto per raggiungere la cattedra. Doveva averlo visto in conversazione (si fa per dire) con Spakky.

«Sì, professoressa, stia tranquilla» rispose Filippo estraendo l'antologia dallo zaino ed aprendola alla pagina richiesta.

Sarebbe stato troppo lungo spiegarle tutto dall'a alla zeta e poi lei con ogni probabilità avrebbe cercato di dissuaderlo dal suo proposito. «Chi va con lo zoppo impara a zoppicare» li ammoniva sempre, mettendoli in guardia dal frequentare cattive compagnie. Era uno dei suoi pallini educativi. E lui, invece, lo "zoppo" l'aveva addirittura invitato a trascorrere il pomeriggio in sua compagnia! No, la professoressa non avrebbe certamente capito...

È impossibile descrivere lo stato d'animo di Filippo nelle interminabili ore del pomeriggio che precedettero quella fissata per l'incontro con Spakky.

Si cominciò con l'ora di pranzo, durante la quale egli commise un'inesauribile serie di stupidaggini, tutte dettate da quel pensiero fisso, finché anche la mamma non si accorse della sua inquietudine e gli domandò perplessa:

«Come mai sei così distratto oggi?»

Filippo aveva appena finito di condire l'insalata con lo zucchero e il miele!

«Hai preso un brutto voto a scuola?»

«No, mamma, che cosa dici? Sarà la primavera che fa questi scherzetti. Oppure la crescita, come dici sempre tu...»

Lei tacque, pensierosa. L'avrebbe dovuto portare dal pediatra per un controllo. Stava crescendo a vista d'occhio e questo impegnava molto le sue energie, sia fisiche che mentali. Ma da questo a versarsi l'olio d'oliva nel bicchiere al posto dell'acqua della caraffa ce ne passava! Sì, al suo figliolino minore occorreva davvero una bella visita medica.

Filippo, nel frattempo, più che al medico stava pensando... all'ospedale! "Se oggi" si diceva "non dovesse andare come penso io... Quello, se gli gira, è capace di mandarmi all'ospedale con un solo dito!" "Quello", naturalmente, era sempre il caro Spakky.

Rimaneva ad ogni modo il fatto, indiscutibile, che ci sono cose che vanno fatte comunque. Se, incontrandosi con lui, Filippo aveva la possibilità di salvare lo skatepark, doveva farlo e basta. Tutto il resto non contava.

analisi del capitolo 7 a pagina 184

8
Anche i duri hanno il cuore tenero

Erano le cinque in punto e di Spakky non si vedeva l'ombra.

"Non è tipo da avere l'orologio" si disse Filippo. "E neanche credo che sia uno puntuale. Aspetterò."

In realtà non nutriva molta fiducia e, man mano che il tempo passava, questa andava scemando sempre più. Le cinque e cinque, le cinque e dieci, le cinque e quindici... Nessuno. L'orizzonte rimaneva sgombro, se si faceva eccezione per i clienti del supermercato e gli abituali frequentatori dello skate-park che, a quell'ora, erano fitti come le mosche.

C'era, è vero, la remota possibilità che l'orologio di Filippo non funzionasse bene. Non era infatti quello di marca, costoso ed efficientissimo, che gli avevano regalato gli zii di Milano in occasione della prima comunione, ma quello che aveva trovato allegato in offerta al pacco-doppio di merendine al cacao: un orologio tutto trasparente con il cinturino di plastica azzurra e, sul quadrante, due guerrieri Ninja impegnati in una lotta aerea.

Il problema maggiore si verificava quando arrivavano le tre meno un quarto, perché allora le lancette sparivano completamente, occultate dalle gambe in volo dei due personaggi. Se non altro, però, risultava allora impossibile dimenticarsi che fossero le tre meno un quarto...

Era questo l'orologio che Filippo si ricordava sempre di mettere per andare a skatare. L'altro aveva troppa paura di romperlo o di perderlo e, inoltre, aveva sentito raccontare che in alcune città straniere stava prendendo piede l'abitudine di mozzare le mani agli sbadati automobilisti che mentre erano fermi al semaforo mostrassero, tenendo il braccio penzoloni fuori dal finestrino, di possedere un orologio di gran lusso. E anche nella città doveva viveva lui, comunque, non passava giorno senza che un pedone fosse alleggerito del telefono cellulare o un automobilista delle chiavi della propria vettura.

Perfino alle scuole Francotti – non proprio dentro la scuola, ma nelle immediate vicinanze – si era a lungo parlato di due o tre ragazzini di prima che erano stati costretti a cedere i portafogli con i soldi della paghetta settimanale a dei giovinastri poco più grandi di loro che li avevano incantonati da una parte[1] prima dell'inizio delle lezioni. Il nome di Spakky, in quell'occasione, non era mai stato fatto, però qualcuno aveva detto di averlo visto allontanarsi dal teatro di questi tragici fatti due secondi dopo, con aria soddisfatta e un rigonfiamento insolito nella tasca posteriore dei pantaloni.

"La delinquenza dilaga. Finiremo tutti sbranati?" era scritto, più o meno, sulle locandine dei giornali ogni mattina e, anche non avendo intenzione di leggere, si finiva per farlo lo stesso, tanto quei titoli erano grandi, gonfi di inchiostro e opprimenti. Erano loro che finivano sotto i tuoi occhi, non tu che li guardavi. Filippo ne traeva un senso di angoscia sottile, come una pioggerella insistente che sembra che non ti bagni e che poi ti lascia fradicio fino al midollo.

Da un po' di tempo aveva preso l'abitudine di controllare, ogni tanto, di essere tutto intero: braccia, collo e gambe. Perché, oltre alle mani mozzate per portar via gli orologi, aveva sentito parlare anche di colli staccati per prelevare catenine d'oro e di piedi "smontati" per impadronirsi di scarpe firmate.

Comunque, con o senza orologio, l'ora dell'appuntamento era ormai passata da un pezzo... e Spakky non compariva.

«Filippo, che cosa fai? Non vieni a provare?» gli gridò Franci passandogli accanto piegato in due sullo skate.

Filippo gli fece cenno che l'avrebbe seguito dopo e Franci proseguì senza più guardarlo. Si stava preparando per affrontare il *bencktubenck*, una specie di lungo ponte in legno che correttamente era poi il *bank-to-bank*. Vi arrivò sopra, effettuò un salto altissimo e

1. *incantonati da una parte*: rinchiusi in un angolo.

ricadde dall'altra parte dopo aver compiuto una giravolta su se stesso. Una figurazione difficilissima, che solo pochi – i migliori – erano in grado di portare a termine con successo e, soprattutto, senza farsi male.

"Diventerà sicuramente un big" pensò Filippo, ricordando che a breve Franci si sarebbe confrontato, al fianco di Massimiliano, con una selezione dei più accreditati[2] campioni stranieri nel corso della manifestazione, organizzata da Gigi della "MelArancia", che avrebbe avuto luogo proprio lì nel loro skate-park.

"Meno male" si rallegrò "che il nonno anche questa volta è stato in gamba!"

In poche ore aveva sverniciato i tubi metallici imbrattati di vernice rossa, che adesso erano ritornati grezzi e scuri come dovevano essere. Ma il pericolo era sempre in agguato. Finché non avessero trovato il colpevole, non sarebbero mai potuti essere al sicuro da altre brutte sorprese... E dire che lui, "quel" colpevole, aveva creduto di averlo in pugno!

Filippo scosse la testa sconsolato al pensiero che l'altro, invece, non fosse venuto. No, non era Spakky, il colpevole, e, anche se lo fosse stato, per quale motivo avrebbe dovuto ammetterlo, come avrebbe implicitamente fatto se avesse accettato il suo invito? Era stata un'idea stupida e senza senso. "Proprio un'idea da... nanerottolo" ammise con un sospiro.

Fece per avviarsi verso Franci, che si era fermato all'esterno della piazzola per bere un sorso d'acqua dalla borraccetta che si portava sempre dietro. Non aveva tempo di andare a bere alla fontana, che pure distava poche decine di metri. Non aveva tempo che per allenarsi.

Proprio in quel momento il cielo sembrò oscurarsi. "Che strano" fece appena in tempo a pensare Filippo. Fino a qualche secondo prima non c'era una nuvola... E infatti l'oscurità che stava sopravanzando non era stata provocata da un improvviso turbamento atmosferico. Filippo se ne rese conto non appena si voltò per vedere meglio: all'orizzonte stava comparendo Spakky con la "banda dei bulli" al completo!

2. *accreditati*: che godono di ottima reputazione.

Procedevano tutti e cinque allineati sulla stessa fila, con Spakky al centro che sopravanzava gli altri di una spanna (non dimentichiamo che era più alto di loro anche per via delle sue quattro ripetenze alle spalle, benché il suo quoziente di intelligenza rimanesse comunque il più basso).

Erano vestiti allo stesso modo: magliette da metallaro di periferia che nessuno tranne loro avrebbe più portato, anche perché erano ormai fuori moda con i loro teschi extralarge sulla schiena e il davanti ornato di mostri armati di pugnali e coltelli; jeans con le frange, che Ruggero aveva smesso di portare tre anni prima; stivali anfibi, alti fino a metà gamba, pesantissimi nonostante il caldo ormai afoso. "Devono avere un bel brodino là dentro!" rifletté Filippo, pensando ai poveri dieci piedi prigionieri di quei carrarmati. E che dire dei dieci polsi? Erano così strettamente serrati dentro altissimi bracciali di cuoio nero completamente ricoperti di borchie metalliche che si domandò come facesse il sangue a scorrervi dentro. Improvvisamente quei cinque poveretti che avanzavano dondolando a gambe aperte gli fecero pena.

Il primo a parlare fu Spakky. Fu un discorso conciso, un capolavoro di essenzialità. Diceva, grosso modo, così:

«Eouhhh?»

Sarebbe potuto sembrare poco, ma non era affatto vero. Dentro quel fonema[3] da lui stesso inventato c'erano migliaia di significati, come avrebbe capito chiunque avesse potuto ascoltarne anche il sonoro, che purtroppo non è possibile rendere per iscritto. Un insieme di sbuffi, pernacchie e gorgoglii, tutti in simultanea, che volevano dire pressappoco:

"Perché mi hai chiamato qui? Non è sufficiente che vi abbia devastato lo skate-park e le strutture? Vuoi anche avere un assaggio personale delle mie capacità di devastatore?"

Filippo capiva questo linguaggio. Ma non perché qualcuno glielo avesse insegnato né, tanto meno, perché anche lui lo parlasse: lo capiva istintivamente, così

3. *fonema*: suono.

come in un tempo remoto i nostri antenati capivano gli ululati dei lupi e il mormorio delle foglie.

Quel linguaggio metteva in moto tante cose, anche quella sostanza che si chiama adrenalina e che lui sentiva scorrergli su e giù per le vene e per le arterie come la Ferrari in un circuito da Gran Premio. E, insieme con l'adrenalina, sentiva i peli che gli si drizzavano lungo tutto il corpo. Ma se non li aveva ancora! si potrebbe obiettare. Be', che cosa volete che vi dica? Lui li sentiva drizzarsi lo stesso. Anche il ciuffo, già alto di per sé, gli si era sollevato come la cresta di uno stegosauro.[4] Era pronto: per la lotta, per la vita propria, per la morte dell'altro... All'improvviso fu anche consapevole di avere qualcosa tra le mani, qualcosa di cui prima non si era neppure accorto: un oggetto duro, lungo, solido, che egli impugnava saldamente. Un qualcosa con il quale avrebbe potuto fracassare il cranio al tirannosauro[5] re, se questi avesse provato ad attaccarlo. Alzò le braccia per essere pronto a calare il colpo... e fu allora che udì una specie di ruggito, un urlo dilaniante che sembrava uscire dalle viscere della terra primitiva, dai sotterranei delle ere geologiche. Un urlo agghiacciante, che immobilizzò le fronde degli alberi e smarrì in lontananza i passeri terrorizzati.

Anche i cani, che correvano sciolti nel vicino spazio attrezzato all'interno del parco pubblico, si fermarono con la coda in aria, le orecchie puntate verso l'ignoto, ai confini coi primordi della loro caninità. Qualcuno, qualcuno aveva lanciato quel grido, qualcuno aveva spazzato via la civiltà, la cultura, la pace... Filippo si chiese chi avesse mai osato compiere un simile gesto. Poi si accorse, al colmo della meraviglia, che era stato... lui!

Sì, lui. Nessun altro che lui. Non Spakky, non gli altri quattro bulletti, non un passante e neanche un animale ma lui, Filippo, il beniamino di nonno Sergio (anche se non bisognava dirlo ad alta voce, perché gli altri nipoti se ne sarebbero avuti a male), il prediletto della professoressa di musica, la prof Trallucci, che stravedeva per

4. *stegosauro*: dinosauro dotato di una cresta ossea che correva lungo la spina dorsale.

5. *tirannosauro*: dinosauro caratterizzato da un grosso cranio e da una forte dentatura.

lui... Ma poi, con altrettanta meraviglia e, ancora di più, con immenso sollievo, Filippo quel grido si accorse di averlo soltanto immaginato. Nel riabbassare le braccia – perché queste le aveva sollevate sul serio – si avvide anche di quello che aveva in mano: non la clava, non il boomerang, non la cerbottana... ma soltanto lo skate che gli aveva prestato Franci.

Spakky moriva dalla voglia di imparare anche lui ad andare in skate. Non l'avrebbe mai confessato ad anima viva, però poteva farlo capire a tutti nell'unico modo che conosceva: distruggendo. E così aveva fatto, finché quel nanerottolo della seconda F non l'aveva fermato vicino a quel cespuglio di brutti fiori spinosi per chiedergli con quella faccetta da scimunito e con quelle parole da vecchio bacucco se voleva andare a provare, e che lui stesso gli avrebbe insegnato.

"Avrei dovuto spaccargli il naso subito con un cazzotto!" si dispiacque Spakky.

Invece aveva permesso che l'altro continuasse a parlare e gli tirasse fuori tutta la voglia che nessun altro aveva immaginato e, soprattutto, il modo per esaudirla: sarebbe bastato andare allo skate-park alle cinque del pomeriggio.

Spakky era venuto. "Ma sono venuto per farlo secco, lui e i suoi odiosi amichetti a quattro ruote" si giustificò con se stesso. "E oggi non colpirò di nascosto, come ho fatto le altre volte. Lo spiaccicherò di fronte a tutti. Contro il cemento della pista, come si schiaccia una formica. Così imparerà lui, piuttosto, a non chiedermi più se voglio imparare."

Si era portato dietro anche la banda, così tutti avrebbero visto che lui non era solo, che anche lui aveva degli amici, e che questi amici erano pronti a battersi per lui, a ogni suo minimo cenno. Per farla breve, Spakky in realtà – come avrete capito – era venuto proprio per imparare ad andare in skate.

Fu Lorenzo ad avvisare per primo gli altri *skaters*, dicendo ad alta voce all'uno e all'altro mentre passava loro accanto sulla tavola:

«Ehi, guardate Filippo con chi sta parlando!»

Un po' alla volta tutti si fermarono ad osservare.

«Secondo voi, c'è qualcosa che non va?» disse ancora Lorenzo.

Quei ceffi che circondavano l'ultimo arrivato del loro gruppo non gli piacevano neanche un po'.

«Ho la sensazione che abbiano a che fare con i guai che abbiamo avuto alle attrezzature...» intervenne Franci.

«Hai ragione!» esclamò Simone. «Adesso che mi ci fai pensare...»

Frugò in fretta dentro le tasche dei pantaloni e, dopo una lunga ricerca, ne tolse un foglietto appallottolato.

«Vedete? È lui!» gridò tutto agitato.

L'identikit che Filippo aveva preparato era identico alla faccia che stavano vedendo a soli dieci metri di distanza!

«Eeeeeeeè... eeeeeeeè prooo... prio lui!» urlò anche Pino, che nell'eccitazione si morsicò la lingua.

Massimiliano, serio serio, non diceva niente ma seguiva con gli occhi ogni minimo gesto dei cinque figuri e anche di Filippo.

«Quindi la banda dei bulli esiste davvero...» sussurrò Franci.

«Dobbiamo chiamare la polizia» propose Simone.

Allora Massimiliano parlò per la prima e unica volta: «No, niente polizia. Lasciate fare a Filippo».

Aveva capito tutto.

La trattativa fu lunga, difficile ed estremamente stancante. Filippo ci mise più di un'ora per convincere Spakky a non picchiarlo, a non devastare ancora lo skate-park, a non aggredire nessun altro dei presenti e, soprattutto, ad ammettere quanto desiderasse salire anch'egli su quella "maledetta tavola", come alla fine fu costretto a borbottare fra i denti.

Alla fine di quell'ora abbondante non ne potevano più, sia Filippo che Spakky: il primo perché non aveva mai avuto a che fare con un essere umano così diffidente e scontroso; l'altro per il motivo opposto, e cioè perché non aveva mai incontrato nessuno, mai da quando era nato, che si fosse preso così a cuore qualcosa che lo riguardava.

Filippo, a dir la verità, lo faceva innanzitutto per se stesso e per i propri amici; nondimeno la pena che aveva provato nell'istante in cui aveva visto apparire il gruppetto piegato sotto il peso del proprio abbigliamento scomodo e fuori moda era riaffiorata più volte nel corso di quelle due ore. Fino a convincerlo di una cosa: Spakky era sì un bullo, e su questo non c'era il minimo dubbio. Ma era anche e soprattutto un poveretto.

«No, no, non così! Sta' attento! Guarda dove vai! No, non lì, c'è...»
Troppo tardi: con un tonfo assordante Spakky si abbatté contro il muro in legno della baracchina del custode della giostra, che quel giorno era chiusa per il turno settimanale di riposo, e cadde a terra dopo aver picchiato la testa.

«Ti sei fatto male? Rispondi, presto! Ti sei fatto male?» gridò Filippo allarmato.

Spakky si rialzò a fatica e rispose:

«Quella baracchina! Che cosa le è venuto in mente di mettersi sulla mia strada?»

Era arrabbiatissimo: dopo essersi rialzato dalla posizione a quattro gambe in cui era finito, sferrò un calcio alla parete e le fece un gestaccio.

Erano venuti a provare in una zona del parco pubblico, dalla parte opposta a quella dello skate-park, che era adibita al divertimento soprattutto dei bambini più piccoli. Ecco perché c'era la giostra, e anche altalene e dondoli vari. Spakky aveva voluto così e Filippo era stato d'accordo: capiva che l'altro, con la sua fama di "duro", non poteva permettersi il lusso di imparare – con tutto quello che ciò comportava a livello di capitomboli e sederate varie – sotto gli occhi delle stesse persone che fino a ieri aveva perseguitato. Aveva da difendere la sua fama di teppista!

Erano venuti quindi a provare in questo posto più defilato, che si prestava abbastanza bene all'occorrenza. Spakky non aveva voluto intorno a sé neanche i propri scagnozzi.

«Via, via, sciò, sparite!» li aveva licenziati con il suo solito linguaggio ridotto all'osso. E i quattro se n'erano andati a testa bassa, senza voltarsi indietro.

Prima di allontanarsi, però, avevano guardato la tavola con occhi bramosi. Filippo ne era più che sicuro: anch'essi avrebbero voluto provarla... Sudò freddo al solo pensarci. Già insegnare a Spakky si stava rivelando un'impresa disperata. Se poi si fosse dovuto occupare anche di quei quattro...

Innanzitutto c'era il fatto degli stivali. Gli anfibi che egli portava erano quanto di meno adatto si potesse immaginare per montare sullo skate. È vero che, come Franci aveva raccomandato a Filippo fin dalla prima volta, era bene avere scarpe larghe e robuste, che aderissero alla superficie. Ma non faceva certo riferimento a mostruosità del genere di quelle che Spakky indossava!

I suoi stivali erano talmente alti, duri e spessi che la gamba appariva come ingessata e il piede, all'interno, non poteva essere assolutamente in grado di percepire nulla al di sotto di quel sarcofago. Così Spakky montava sulla tavola, ma la tavola andava per i fatti propri. Il risultato era sempre lo stesso: da almeno mezz'ora egli non faceva che andare a sbattere contro qualche cosa, o anche semplicemente andare a sbattere a terra il posteriore, senza riuscire a ottenere il minimo risultato.

«Lo skate è una cosa da bambocci, da smidollati. Io l'ho sempre saputo!» si mise a un certo punto a imprecare, irritato da quei ripetuti fallimenti. «Io lo spacco, questo skate del cavolo! Io lo spacco! Hai capito, nanerottolo?»

Stava facendosi trascinare dalla collera. I lineamenti del suo viso, già grossi di per sé, erano diventati ancora più gonfi e il collo, quasi il doppio di com'era in realtà, pulsava con le robuste vene in rilievo. Filippo tornò a provare l'antica paura e cercò di rabbonirlo meglio che poteva:

«Calma, Spakky! Non fare così. Vedrai che adesso, con un po' di pazienza...»

Ma, al solo sentir pronunciare la parola pazienza l'altro si imbestialì ancora di più.

«Odio la pazienza, la odio, la odio! E odio anche lo skate! Nanerottolo, è colpa tua! Sei stato tu che hai voluto farmi provare. Sì, è colpa tua, tua, soltanto tua! Vuoi vedere adesso che cosa ti insegno io? Lo vuoi vedere? Guarda, impara!» si mise a gridare. E annaspò con le mani in avanti per cercare di afferrare Filippo alla gola. Aveva dimenticato di avere ancora il piede destro sullo skate.

La tavola si rimise in movimento, trascinando con sé lo sfortunato esordiente. Il quale, però, era talmente animato dal desiderio di strangolare Filippo che, senza volere, si mise a ondeggiare e a spingersi finalmente nel modo giusto.

L'altro intanto scappava. Non troppo lontano, per non andarsene davvero (nonostante tutto, sperava ancora che Spakky riuscisse ad imparare), ma neanche troppo vicino perché, come si sa, da strozzati non si sta tanto bene e a lui sarebbe piaciuto continuare a vivere ancora qualche annetto.

Ma, appunto, il movimento ritmico che Spakky aveva adesso imbroccato faceva andare lo skate e il suo conducente tanto in sintonia che essi cominciarono a danzare insieme con la stessa armonia di una coppia di ballerini di valzer. Così, più Filippo scappava e più Spakky imparava a skatare...

Continuarono in questo modo per una buona mezz'ora, con il primo che se la dava a gambe levate e l'altro che cercava di inseguirlo a dorso di tavola.

«Ti prendo, ti prendo!» urlava Spakky.

«Provaci, se ci riesci!» rispondeva Filippo.

«Adesso vedrai, moccioso!»

«Io dico che non ce la fai...»

Ma entrambi sapevano che era ormai soltanto un gioco, anche se un po' rozzo. L'unico modo attraverso il quale Spakky potesse imparare: il "suo" modo. E quando esausti, alla fine di quell'indemoniato inseguimento, si fermarono per prendere fiato (e anche Spakky, stavolta, riuscì a stopparsi senza andare a sbattere da qualche parte), avevano voglia di sorridersi. Ce l'avevano fatta! Ma... si è mai visto un bullo che sorride per la soddisfazione di una cosa ben fatta?

Con uno sforzo Spakky si rimise la maschera sul volto che fino a qualche minuto prima, nella gioia dell'apprendere, si era rischiarato di quella famosa luce dell'intelligenza che finora era rimasta spenta. Riprese il suo sguardo truce, fisso, oscuro. Fece riapparire le pieghe ai lati della bocca, che aveva cercato invano di distendersi in un sorriso. Strinse nuovamente fra le spalle ingobbite la testa che per la prima volta si era alzata a guardare in faccia il mondo. Sputò in un angolo in direzione della baracchina, fece una smorfia sprezzante e, gettando un'occhiata dall'alto in basso a Filippo, che ansimava a più non posso con ancora la lingua di fuori, gli disse:

«Hai visto, nanerottolo? Con tutte quelle tue gentilezze da pappamolle non si va da nessuna parte. Con le mie maniere, invece...»

E Filippo, una volta tanto, fu d'accordo con lui: se Spakky non avesse voluto provare a tirargli il collo, non avrebbe mai imparato ad andare in skate!

Dopo la "conversione" di Spakky ogni azione di teppismo ai danni dello skate-park, com'era prevedibile, cessò completamente e Filippo, che già era bene accetto dai compagni, da quel momento diventò una sorta di eroe locale.

Ne ebbe un'ulteriore prova quando una sera sul tardi, nel corridoio di casa ormai immerso nel buio, mentre stava entrando nella propria stanza per mettersi a letto si sentì calare una formidabile manata sulla spalla sinistra, molto più forte di tutte le altre manate che avesse mai preso in vita sua. Un tocco così leggiadro non poteva essere che di Ruggero...

Il fratello, nella fioca luce che proveniva dai lampioni stradali, mostrava al gran completo la chiostra dei denti bianchi. Sorrideva, dunque. A meno che non volesse addentarlo... Ma no, con Ruggero le cose, nonostante i soliti litigi da fratelli, non erano mai arrivate al punto in cui erano arrivate con Spakky. E quello, dunque, era senza dubbio un sorriso.

«Be', anch'io avrei fatto come te. Non ci voleva mica molto a capirlo...» gli disse Ruggero.

Una sua caratteristica era proprio questa: per farti un mezzo complimento doveva dire un'intera offesa! Ma Filippo non si impermalì perché aveva compreso che il fratello era contento di lui.

Ricambiò la manata con una pacca sulla schiena. Era la prima volta che lo faceva, come fossero tra pari. Ruggero lasciò fare senza dir nulla.

Ancora di più, però, Filippo sarebbe stato contento se l'avesse saputo Rossella, che lui era stato capace di "domare" Spakky il bullo. Stavolta sì che sentiva di essersi meritato quella frase, "Sei stato grande...", che lei gli aveva sussurrato il primo giorno che si erano incontrati. Ma, dopo la seconda volta, non si era più fatta vedere allo skate-park e, perciò, come avrebbe potuto saperlo?

Filippo si chiedeva come e dove trascorresse le giornate. Frequentava qualche scuola nei dintorni, anche se per il poco tempo in cui si sarebbe fermata in città? O studiava in casa da sola, magari con un precettore?[6] Aveva letto in un romanzo che i figli dei nobili un tempo facevano così e, per lui, Rossella era molto di più di una principessa.

Una volta gli sembrò di vederla davanti all'uscita di un bar del centro. Filippo passava di lì perché era andato a casa del suo compagno di banco – che era tornato ad essere quel Pietro Papotti con il quale era già stato in precedenza – il quale gli aveva spiegato sul computer alcune procedure informatiche che lui non aveva ben capito e sulle quali il prof Vitoni avrebbe sicuramente interrogato tutti.

Aveva jeans grigi e una maglietta blu, i capelli raccolti a coda di cavallo. Stava leccando un gelato, ma egli non poteva vedere di che gusti fosse perché gli dava le spalle. "Che sia stanca?" si chiese. Gli pareva che si trascinasse con un'indolenza che non le ricordava e, a pensarci bene, anche nei capelli c'era qualcosa di diverso. Forse erano più corti, o meno biondi.

La seguì per un centinaio di metri, indeciso se chiamarla, batterle sulla spalla, guardarla da dietro o lasciarla allontanare. Fu lei, a un certo punto, a fare qualcosa. Successe quando si girò per gettare il tovagliolino di carta (che, allora Filippo notò, era sporco di cioccolata e crema) dentro il cestino dei rifiuti. Ma... non era Rossella. E non era neanche un'altra. Quella figura bionda in jeans e maglietta apparteneva a un... maschio suppergiù della sua età!

Man mano che la primavera avanzava, il tempo della scuola volgeva al termine. Era l'ora delle ultime interrogazioni, delle ultime verifiche.

«Studia, studia, studia! A me piacciono i "distinto" sulla scheda!» non faceva che ripetere la mamma.

6. *precettore*: insegnante privato.

Uffa, i "distinto"... Non andava bene anche "buono"? Pure Filippo, però, ci teneva a finire l'anno in bellezza benché non si sentisse in grado di dire, ora che si era giunti quasi alla fine, se fare la seconda media gli fosse piaciuto o no.

«In prima eravamo tutti contenti per la novità» aveva cercato di spiegare a Pietro una mattina in cui, già seduti al loro posto, attendevano l'inizio delle lezioni.

«Sì, hai ragione» aveva detto anche Pietro. «E non vedo l'ora di essere in terza per pensare alle superiori. Ma questa seconda non l'ho mica capita neanch'io...»

«È perché non siete né carne né pesce» aveva spiegato la mamma, con la quale Filippo una volta si era confidato.

La Ciccia, sdraiata sotto il tavolo della cucina, a sentir parlare di "carne" e di "pesce" si era improvvisamente ringalluzzita e aveva fatto capolino per vedere dove li avessero messi. Non conosceva molte parole, ma quelle adatte ai gatti sì, eccome!

A Filippo non essere né carne né pesce non era sembrata una gran cosa ma la mamma aveva detto, scompigliandogli il ciuffo come sempre faceva quando voleva fargli capire che gli era vicina, che questo periodo sarebbe durato poco.

«E quindi studia! Così quando sarà finito ti troverai più contento...» aveva concluso tornando al suo ossessionante ritornello.

Filippo non aveva capito il nesso, però aveva detto che l'avrebbe fatto. Così, almeno, l'avrebbe lasciato in pace... La mamma poteva essere peggio di un martello pneumatico, quando ci si metteva.

Stava sopraggiungendo anche la data fissata per la manifestazione di skate organizzata da Gigi della "MelArancia". Pochi giorni ancora e Filippo avrebbe avuto modo di vedere all'opera alcuni dei migliori *skaters* stranieri in circolazione. Adesso che Spakky era diventato "buono", oltretutto, non c'era più da temere brutte sorprese per lo skate-park e le sue attrezzature. Egli stesso veniva ormai a skatare proprio lì. Anche se lo faceva con la sua solita aria da gradasso...

«Per cambiare quella faccia ci vuol altro che imparare ad andare in skate!» aveva commentato Simone, la prima volta che aveva visto Spakky arrancare sulla tavola come un gorilla su una fune di equilibrismo ma con l'aria di chi vuole comandare il mondo.

Sapeva anche lui però, allo stesso modo di Filippo, che quella faccia non era altro che una facciata e che, sotto, Spakky era fatto come tutti gli altri. Forse addirittura meglio. Un giorno, sul far del tramonto, ne ebbero una dimostrazione.

analisi del capitolo 8
a pagina 189

9
La prudenza non è mai troppa

Franci non stava più nella pelle. Da quando aveva saputo della manifestazione, non passava giorno senza andare ad allenarsi il più possibile. Era sempre lì, allo skate-park, dal pomeriggio presto al far della sera, che in quel periodo arrivava molto tardi.

«Ma non studi mai?» gli aveva chiesto una volta Filippo.

Sapeva che Franci frequentava la prima liceo scientifico e che andava, a quanto pareva, anche piuttosto bene. Come faceva, allora?

«Tutto sta a sapersi organizzare» gli aveva spiegato Franci. «Tanto per cominciare, ho abolito televisione e videogiochi e così ho recuperato almeno due ore al giorno. Poi ho smesso di stare attaccato al telefono a chiacchierare e ho guadagnato un'altra ora. E poi, quando studio e faccio i compiti, mi concentro e ci do sotto senza pensare ad altro, invece di guardare fuori dalla finestra o di pensare ai fatti miei come facevo prima. Ed è un'altra ora recuperata. Quindi, come vedi, non solo riesco a occuparmi della scuola, ma lo faccio anche più e meglio di prima.»

Essendo il migliore, alla manifestazione Franci avrebbe partecipato, come già sappiamo, in rappresentanza del gruppo locale, con Massimiliano a fargli da spalla. Equivaleva a fare gli onori di casa. Gli altri avrebbero seguito dai bordi della pista.

Al pensiero di quanto lo aspettava Franci ebbe un tuffo al cuore. Sarebbe stato un momento indimenticabile, un momento da incorniciare.

E un momento indimenticabile lo fu, ma non come Franci aveva sognato... Quattro giorni prima della manifestazione, infatti, egli si fratturò una gamba.

Quel mercoledì pomeriggio era arrivato allo skate-park presto come al solito. Il supermercato sonnecchiava con solo qualche rado cliente che ne usciva spingendo il carrello con la spesa. Nel parco pubblico gli alberi, sotto il sole a picco, non avevano ombre e le panchine, bollenti, non erano occupate da nessuno. E chi, a quell'ora, aveva voglia di avventurarsi all'aperto? Si stava meglio nella penombra delle abitazioni, se si aveva la fortuna di poter stare a casa propria per la pausa-pranzo, o al fresco dell'aria condizionata degli uffici. Solo Franci, imperterrito, aveva sfidato la calura per venire ad allenarsi.

Egli, come avrebbe raccontato in seguito agli amici accorsi al suo capezzale, aveva parcheggiato la bicicletta e l'aveva legata con la catena (precauzione che sarebbe potuta sembrare inutile, visto che non c'era nessuno, ma che invece era sempre da rispettare per evitare di tornare a casa a piedi come era successo soltanto due giorni prima a Michele) e si era portato dietro la sua bella tavola dalla "grafica" argentea e la borraccetta dentro lo zaino, avvolta in un panno perché l'acqua non si scaldasse troppo. Nell'acqua aveva anche spremuto due limoni, che l'avrebbero aiutato a ridurre la sete e a integrare parte delle vitamine che sarebbero andate disperse con la sudata che avrebbe fatto.

La tavola prese a scivolare sul cemento, sfrigolando. Accidenti, che caldo faceva... Per un attimo Franci ebbe l'impressione che le ruote dello skate fossero diventate incandescenti e che avrebbero potuto scavare un solco sull'impiantito. Anche il suo ciuffo, là in alto, se lo sentiva più rosso del solito. "Non va bene compiere sforzi sotto il sole" si ricordò. Ma il tempo stringeva e bisognava darci sotto.

Proteggendosi i capelli con un berrettino che aveva sulla visiera la scritta pubblicitaria di un prosciuttificio, si mise ad eseguire diligentemente tutto il suo repertorio di ollie, ollie centottanta, flip, slaidate, grindate e altre acrobazie di vario genere. Era concentratissimo, tutto teso in quello che doveva compiere, passo dopo passo, spinta dopo spinta. La tavola, sotto le sue sollecitazioni esperte, lo assecondava mansueta. Dopo un po', come gli accadeva quasi sempre e specialmente quando si allenava da solo senza le interferenze e le interruzioni degli altri, si sentì volare.

Andava veloce, sempre più veloce. Gli ostacoli si succedevano gli uni agli altri e lui li saltava tutti, li oltrepassava con balzi e piroette, e sempre – ogni volta che ricascava a terra – risentiva sotto i piedi, nel punto esatto in cui doveva essere, la sua fedele e adorata tavola. Così, senza tregua, riprendevano subito ad andare. Sempre più forte, sempre più in alto, sempre più affiatati, verso il successo, verso il trionfo che sicuramente gli avrebbe arriso in quella spettacolare manifestazione dove avrebbe fatto vedere, ai grandi campioni venuti da ogni parte, che cosa sapeva fare un ragazzino di una piccola città della provincia italiana. Finché... non la trovò più.

Lui ricadde a terra ma la tavola, invece di essere dove avrebbe dovuto trovarsi, dove sempre si era trovata, stavolta finì dieci, quindici centimetri più avanti. Non tanti, a ben vedere. Ma sufficienti per scoprirsi con il piede di traverso sulla parte posteriore del legno, ad annaspare disperatamente per cercare di afferrarsi all'aria, al cielo, al sole...

La caduta fu istantanea e terribile. Come toccò terra, Franci si rese subito conto di essersi rotto qualcosa, anche se non riusciva a capire se fosse un braccio o una gamba. Al colpo del primissimo momento, in cui non aveva sentito nulla, subentrò un tremendo dolore dappertutto. Solo all'ospedale avrebbe saputo che a rompersi era stata la tibia della gamba destra.

Sarebbe rimasto con la gamba a pezzi per chissà quanto tempo se il destino non avesse voluto scegliere, quel pomeriggio, di presentarsi davanti a lui sotto vesti alquanto impreviste. Erano quelle, un po' più "umane" del solito, indossate da... Spakky.

Proprio così: alle due del mercoledì pomeriggio anche Spakky, con una qualunque maglietta bianca e un qualsiasi paio di jeans al ginocchio e, cosa ancora più notevole, con un paio di scarpe da ginnastica "quasi" normali, si presentò allo skate-park.

"A quest'ora non ci troverò nessuno e potrò provare in santa pace tutto quello che voglio. Non vedo l'ora mostrare al nanerottolo che anch'io sono capace di essere bravo come lui!" aveva pensato.

Spakky non aveva avuto bisogno di legare la bicicletta con la catena. Aveva una ferraglia vecchia e arrugginita di cui era venuto in possesso in maniera imprecisata (e sulla quale è bene non indagare troppo...) che non avrebbe fatto venir voglia a nessuno di rubarla e, soprattutto, che nessuno avrebbe osato rubare, sapendo che era la sua. Non aveva berretto perché a lui il sole – avendo la testa piena di nulla – non faceva effetto più di tanto. Non aveva borraccia perché non aveva mai sete e, se e quando gli veniva, era abituato a farsi "offrire" dagli altri tutti i sorsi di cui aveva voglia.

Aveva però anche lui il suo amor proprio e, proprio per questo, era venuto sobbarcandosi la fatica immane di staccarsi dal divano dove di solito a quell'ora dormiva davanti al suo teleromanzo preferito, che poi i suoi quattro compagni, un pezzetto per uno, gli avrebbero raccontato più tardi nel pomeriggio (era soltanto in questo modo che egli riusciva a seguire le varie puntate, perché da solo non ce l'avrebbe mai fatta).

In un primo momento, poiché veniva avanti camminando a testa bassa e, come suo solito, senza ascoltare niente e nessuno, non si accorse di Franci. Ma, quando ebbe deposto lo skate sul cemento ed ebbe cominciato a girare, non poté non far caso a quel cartoccio informe di membra abbandonate che, anche per lui, non poteva non apparire quello che era: un ragazzo a terra, in preda a fortissimi dolori. Guardando meglio, si accorse del ciuffo rosso che spuntava sotto una gamba piegata in modo ridicolo fin sopra una spalla.

«Perché stai messo così?» chiese Spakky avvicinandosi al mucchio di ossa umane. Franci doveva chiamarsi, se ben ricordava.

Franci rispose con un lunghissimo lamento inarticolato.

Spakky si chinò a terra e accostò l'orecchio alla sua bocca:

«Eh? Che cosa dici?» gli chiese.

L'altro mugolò ancora più forte.

«Non capisco! Perché non parli come si deve?» si arrabbiò subito Spakky.

Ma, per la terza volta, soltanto un impressionante guaito rispose alla sua domanda.

«Adesso mi incavolo davvero!» gridò allora Spakky. Quel gioco che il rosso stava facendo, e che lui non capiva, lo innervosiva oltremisura. Fece per alzarsi in piedi, deciso ad allontanarsi. Povero Spakky, come fargliene una colpa? Per quanto fosse diventato buono (o, se non altro, meno cattivo), era pur sempre Spakky!

«Forse neppure un trapianto di cervello sarebbe sufficiente a cambiarlo» aveva detto una volta Simone a Filippo. Se avesse visto, adesso, ciò che stava per succedere…

Spakky, che si era già sollevato da terra dove il povero Franci era rimasto a gemere, aveva voltato le spalle per andarsene non prima di avergli detto, tutto impermalito:

«Gioca da solo, se ti diverti!»

Franci, capendo che l'unica sua possibilità di soccorso immediato stava svanendo (non aveva con sé il cellulare, quel giorno, e comunque, anche se l'avesse avuto, come avrebbe fatto a telefonare, messo com'era?), con uno sforzo sovrumano disincagliò la faccia da sotto la pancia e, cercando di articolare bene le parole, radunò tutto il fiato che aveva a disposizione per gridare:

«Aiuto! Aiutami, Spakky!»

Non fu un grande urlo, ma almeno ebbe il potere di fermare quest'ultimo e di farlo tornare sui suoi passi. Aveva intenzione, veramente, di dirne quattro a quel rossaccio che già aveva disturbato la sua prova di allenamento e che continuava a farlo. Quando però fu a pochi centimetri da lui, Franci ebbe la forza di spiegargli:

«Non sto giocando… Credo di essermi rotto qualcosa cadendo dallo skate!»

In quel momento finalmente Spakky, anche se non del tutto, qualcosa capì. Lo aiutò, in questo, il ricordo di un film con Schwarzenegger che aveva visto alla televisione qualche sera prima. Dunque il rosso aveva una gamba, o qualcosa di simile, fuori uso. Probabilmente doveva essere proprio la gamba, dato che non riusciva ad alzarsi in piedi. Sapeva lui, Spakky, che cosa doveva fare…

Si piegò nuovamente su Franci e gli domandò, con voce fattasi improvvisamente gentile:

«Dove vuoi che te la tagli, sopra o sotto il ginocchio?»

«Ho creduto che l'avrebbe fatto davvero!» disse Franci ridendo agli amici assiepati intorno al suo letto d'ospedale.

Anche loro risero, ma con un filo di preoccupazione retroattiva sapendo chi era Spakky. Meno male che quest'ultimo si era trattenuto e, una volta tanto, aveva dato retta alle parole di Franci che, con grande pazienza, gli aveva spiegato dove dovesse andare a chiedere aiuto e che cosa dovesse dire. E bisogna ammettere che in quell'occasione aveva fatto davvero un grande sforzo di comprensione, perché era tornato dopo pochi minuti seguito a ruota, quasi immediatamente, da un'ambulanza a sirene spiegate.

All'ospedale erano venuti tutti, da Marco a Simone, Filippo, Massimiliano, Michele, Lorenzo, Pino.

«Se non altro adesso ride... È la prima volta da quando ha avuto l'incidente» sussurrò la mamma di Franci all'infermiera. Era una donnina dall'aspetto gentile, anche lei con i capelli rossi però più tendenti al biondo.

Si chinò sul figlio a scostare una ciocca di capelli che gli era scivolata sugli occhi. Il ciuffo, per la prima volta in vita sua, si era afflosciato e adesso i capelli venivano a spiovere fin quasi sulle spalle. Ma non fu solo un gesto di sollecitudine materna perché, conciato com'era, Franci non avrebbe mai potuto farlo da solo. Oltre alla gambona, fratturata e ora imprigionata nella sua brava gabbia di gesso, i medici gli avevano anche riscontrato parecchie slogature sia alla gamba superstite che ad entrambe le braccia per cui egli adesso, fasciato dappertutto, era un tutt'uno con il bianco delle lenzuola, dalle quali si distingueva soltanto per la chiazza color fiamma dei capelli. Di motivi per ridere, quindi, Franci ne aveva davvero pochi, a differenza di quelli per piangere che invece abbondavano. E, tra questi, quello per lui più importante – ancora più che l'essersi fatto male – era che ovviamente non avrebbe più potuto partecipare all'esibizione di skate.

Al solo pensarci gli occhi gli si riempirono di lacrime. Anche gli amici si fecero tristi: per lui, ed era facile capire il perché, e anche per loro, che avrebbero avuto soltanto Massimiliano a rappresentarli.

«Fa' del tuo meglio» gli augurò Franci.

Massimiliano sollevò il pollice e lo scosse con forza, tentando di far sorridere ancora l'amico. Ma anche a lui gli occhi si erano riempiti di lacrime. Era la prima volta che una disgrazia di quel genere si abbatteva sul loro gruppo di *skaters*.

Anche in precedenza erano avvenuti incidenti, com'è logico aspettarsi quando si pratichi uno sport che preveda difficoltà fisiche. Ma nessuno si era mai fatto male sul serio.

«Soltanto Edoardo, quella volta che si è slogato il polso cadendo. Vi ricordate?» disse Marco.

Filippo non aveva fatto in tempo a conoscere Edoardo che, figlio di un ufficiale di carriera, veniva spesso sballottato da una parte all'altra dell'Italia. Con il polso ancora avvolto nella benda rigida aveva salutato gli amici dicendo che doveva partire.

«E noi che avevamo creduto che fosse per punizione...» rammentò Simone facendosi sfuggire un risolino. Non si trattava di una punizione, ma dell'ennesimo trasferimento. Sicilia, questa volta. Di Edoardo non avevano più avuto notizie tranne che il Natale precedente, quando avevano ricevuto una cartolina con l'Etna in piena eruzione.

Stavano chiacchierando appoggiati alla balaustra in metallo che bordava un lato dello skate-park, la stessa balaustra alla quale – Filippo lo ricordava bene – si era appoggiata anche Rossella. Chiuse gli occhi e per un attimo, un meraviglioso attimo che avrebbe desiderato che durasse per sempre, gli sembrò di rivedersela davanti... Ma, quando gli riaprì, c'era solo Simone che stava mangiando un gelato.

Anche quel pomeriggio si erano allenati e adesso, stanchi morti, si riposavano prima di un'ultima volata. Non era stato come gli altri giorni, però: mancavano Franci, il suo ciuffo, i suoi salti, il suo skate che si librava in alto.

«Se si fa male un amico, è come se ti facessi male tu stesso» se ne uscì all'improvviso Marco.

Un raggio di sole che stava scendendo trasse un lampo dalle placchette dell'apparecchio. Filippo sapeva che sarebbe stato per l'ultima volta: domani Marco se lo sarebbe tolto.

E lui, invece? Preferiva non pensarci, ma tanto non poteva nascondersi in alcun modo il fatto che, il lunedì seguente, dal dentista ci sarebbe dovuto andare lui: il momento era arrivato....

«Ah, che disgrazia!» si lasciò sfuggire con un profondo sospiro.

«Eh, sì, povero Franci!» esclamarono insieme Marco e Simone, credendo invece che il sospiro fosse per Franci.

Filippo si vergognò come un ladro. Non faceva altro che lamentarsi, quando c'era chi stava molto peggio di lui... Ma una voce robusta interruppe la sua riflessione e fece volgere tutte e tre le teste verso la pista ciclabile:

«Oh, ragazzi, cercavo proprio voi!» Un vigile urbano si stava dirigendo, a piedi, verso di loro.

Marco, Simone e Filippo saltarono su immediatamente, piuttosto allarmati (anche perché il vigile aveva una stazza fisica davvero ragguardevole). Per quanto si ricordassero, non avevano fatto niente di male. Però, a ben pensarci... "Sono passato con la bicicletta su un pezzo di prato anziché sulla stradina" venne in mente a Marco. "Quando ho cercato di gettare la carta del gelato nel cestino dei rifiuti per fare canestro ho sbagliato mira, la carta è finita fuori e io non l'ho raccolta" ripensò Simone.

Ma molto più grave era la colpa di Filippo... Siccome era in ritardo per colpa di un esercizio di inglese più lungo del previsto, per dirigersi verso lo skate-park – invece di prendere la pista ciclabile – aveva deciso di passare per la strada, quella vera piena di auto, moto, camion e pullman, che però era a senso unico. Il che voleva dire che se l'era fatta tutta contromano!

Queste infrazioni però, per quanto gravi, non costituivano il motivo per il quale il vigile urbano era venuto a cercarli. Egli era venuto per l'incidente di Franci.

Filippo si ricordava vagamente di aver già visto quel faccione rosso che, sotto il sole del tramonto, grondava sudore da tutte le parti. Quasi sicuramente doveva essere lo stesso vigile che era venuto alla scuola media Francotti a fare il corso di educazione stradale per le terze.

«Mi chiamo Pastroni. Egisto Pastroni» egli si presentò educatamente, sollevando di qualche centimetro il berretto blu e mettendo in mostra, al di sotto, un cranio lucido come uno specchio.

Il vigile urbano Egisto Pastroni era stato spinto allo skate-park non dall'intento di andare a caccia di nuove multe ma da quello, ancora più nobile, di salvare per il futuro tibie, peroni, omeri e clavicole e, nel caso, anche crani, denti e setti nasali. E questo non con il libretto delle contravvenzioni sotto il braccio, ma armato soltanto della forza della sua parola.

Il vigile Egisto Pastroni aveva un motivo più che valido per fare questo, un motivo che aveva un nome dolcissimo: Eugenia.

Eugenia, la bambina che adesso, invece di correre e saltare come tutte le altre bambine, se ne stava ferma e immobile dentro una carrozzella. E tutto questo era successo per colpa di una banale, stupida, evitabilissima caduta dalla bicicletta.

«È passato quasi un anno e da allora ho fatto questo giuramento a me stesso. Se l'aveste vista... Solo cinque minuti prima pedalava allegramente sulla sua biciclettina rossa, nuova fiammante, facendo a gara con le compagne. Lei era forse la più bella di tutte, con quella gioia di vivere che le risplendeva sul visino sorridente.

«È bastato un attimo, una frazione di secondo, e tutto questo è finito per sempre. È bastato che infilasse il piedino fra i raggi della ruota, che perdesse l'equilibrio cadendo a terra e che, malauguratamente, a terra ci fosse proprio un grosso masso... Che cosa ci facesse lì, a lato della pista ciclabile, non lo sapremo mai. L'aveva portato probabilmente qualche ragazzaccio, uno di quelli che la sera si divertono – si fa per dire – a sradicare panchine e cartelli stradali. Fatto sta che Eugenia vi cadde sopra con la testa.»

Filippo, Simone e Marco ascoltavano in assoluto silenzio e quasi sembrava loro di vederla ancora, la piccola Eugenia, mentre scorrazzava spingendosi sui pedali con tutta la tenera forza dei suoi pochi anni.

«Io passavo da quelle parti per i fatti miei, perché ero appena smontato dal servizio. Sono stato il primo ad accorrere e non vi dico che spavento ho preso. Eugenia giaceva immobile, inanimata, come una bambola caduta a terra dal cestino della bicicletta. Sembrava morta, però respirava ancora.

«All'ospedale sono stati bravissimi, ma non potevano fare più di così. È rimasta paralizzata dalla vita in giù e per lei, al posto delle gambe che sono diventate due pezzi di legno, ci sono ora le ruote della carrozzella. Può muovere le braccia, se non altro, anche se a fatica, e girare la testa di qua e di là. Le uniche parole che riesce a dire sono "mamma", "papà" e "voio caminare". Soltanto un miracolo però, della scienza o della fede, potrebbe ridarle la facoltà di muoversi con le sue gambine.»

I tre amici continuavano a tacere. Anche il vigile Pastroni tacque adesso per qualche minuto. Stava chiaramente ripensando a quel terribile pomeriggio. Mescolate alle gocce di sudore, che andava continuamente asciugandosi con un grande fazzoletto bianco, a Filippo parve di vedere anche alcune lacrime. Pure lui si sentiva voglia di piangere.

«State attenti, ragazzi, state attenti più che potete. Capisco che non possiate vivere dentro un'armatura di ferro, però cercate lo stesso di stare attenti più che potete. Pensate se il vostro compagno, invece di rompersi la gamba, avesse battuto la testa…»

Simone, Marco e Filippo ebbero un brivido, sapendo benissimo che quella sarebbe potuta essere ben più che una remota possibilità.

«La prudenza non è mai troppa» proseguì il brav'uomo con voce accorata. «Perciò vi dico, se potete, di usare tutti i mezzi per prevenire queste disgrazie. Se dovete fare dei salti con il vostro skate, per esempio, dei salti alti e difficili come quelli che stava facendo lui, fateli mettendovi il casco. E anche le ginocchiere, e le gomitiere. Esistono, no? Se esistono, ci sarà bene un motivo!»

Non c'era altro da aggiungere. Il vigile Egisto Pastroni, anche quel giorno, aveva compiuto la propria missione. I ragazzi lo videro allontanarsi in direzione del parco pubblico, dove alcuni spericolati senza casco stavano facendo impennare i loro motorini.

«Che vitaccia!» commentò Filippo.

Gli altri fecero di sì con un cenno del capo.

**analisi del capitolo 9
a pagina 192**

10
Quegli dèi discesi dal cielo

Filippo si destò di scatto, chiedendosi come mai la sveglia non avesse suonato. Eppure doveva essere ora: il sole stava facendo capolino attraverso le tapparelle abbassate e gli uccelli cantavano a squarciagola.

La Ciccia, che dormiva appallottolata ai suoi piedi, fece un balzo come se avesse preso la scossa, poi si allontanò nel corridoio dopo essersi allungata due o tre volte i muscoli. Che peccato, stava così bene lì in fondo al letto! Prima di andarsene definitivamente verso il tegamino della sua pappa gli gettò un'occhiata infastidita dal significato chiarissimo (e cioè: "Ma perché non ti metti un po' tranquillo, una buona volta?"). Filippo però non se ne accorse. Si era già ributtato a dormire, dopo essersi ricordato che non c'era alcuna fretta di alzarsi: quello non era un giorno di scuola, ma una fantastica domenica in cui avrebbe potuto poltrire senza fretta!

Gli occhi gli si stavano nuovamente chiudendo e il sogno, interrotto sul più bello, stava ripartendo dal punto esatto in cui l'aveva lasciato quando di nuovo balzò a sedere sul letto, completamente sveglio. Certo, che sciocco! È vero che quello che stava cominciando non era un giorno di scuola, ma non era neanche una domenica qualsiasi: era quella della tanto attesa manifestazione di skate! Come aveva fatto a non ricordarlo immediatamente?

In cinque minuti era lavato e vestito. In cucina c'era solo la mamma, immersa nei preparativi del pranzo della domenica che si preannunciava particolarmente gustoso, con quegli effluvi stuzzicanti che uscivano dal forno.

«Buongiorno» lo salutò stupita. «Come mai già alzato?»

In realtà lo sapeva benissimo anche lei che cosa sarebbe accaduto di lì a poco, ma evidentemente aveva voglia di stuzzicarlo un po'. Filippo stette allo scherzo e rispose:

«Be', avevo voglia di ripassare un po' storia... Sai com'è, la domenica mattina presto si studia meglio!»

La mamma sorrise facendo il gesto di tirargli un coperchio in testa. Ma, invece del coperchio, gli allungò passando una carezza in mezzo al ciuffo, ribelle più del solito.

Stava crescendo anche quello... Guardò il suo bambino "né carne né pesce". Ancora qualche settimana e sarebbe uscito del tutto dall'infanzia. Gli sorrise ancora, ma con una leggera sensazione di malinconia. Quale uomo avrebbe trovato, fra qualche anno, al posto del suo piccolino?

Allo skate-park c'erano già quasi tutti, benché mancasse un'oretta abbondante all'inizio dell'esibizione.

«Ciao, Filippo. Tutto bene?» lo salutò Marco. Era indaffarato a posizionare un grande cartello con la scritta "*Skate, un mondo da scoprire*".

«Altro che...» rispose Filippo. «Ce ne fossero, di giornate così!»

Era la prima volta che lo skate-park ospitava una manifestazione tanto importante e tutti stavano facendo il massimo per accogliere gli ospiti nel miglior modo possibile.

Lo spiazzo di cemento era stato spazzato con una scopa di saggina che aveva raccolto anche il più piccolo granello di polvere; le strutture erano state collocate nel posto giusto calcolando anche i millimetri; le scritte pubblicitarie della "MelArancia", oltre a quelle consuete, apparivano adesso anche su grandi drappi variopinti che erano stati fissati a ricoprire la balaustra, spargendo un'inconsueta nota di colore. Filippo si sentì in colpa per non essere venuto ancora prima.

«Posso fare qualcosa?» domandò sperando di fare in tempo a rendersi utile.

«Sì, grazie. Potresti aiutare a sistemare il banchetto del ristoro» suggerì Marco indicandogli un tavolone collocato a lato della pista e protetto da un ombrellone da sole verde scuro. Anche lì apparivano gli slogan della "MelArancia", oltre a vari frigoriferi portatili che avrebbero tenuto in fresco le bevande indispensabili ad affrontare una giornata faticosa ed assolata come quella che stava iniziando.

«Vieni, Filippo, ce n'è anche per te» lo chiamarono Simone e Massimiliano, impegnati a trasportare pile di bicchieri di plastica e cassette di bottiglie.

Michele, Lorenzo e Pino, a una decina di metri di distanza, stavano scaricando un gran numero di sedie di plastica impilate le une sopra le altre, che lo stesso Gigi della "MelArancia" allungava loro da un furgoncino un po' malandato.

Era la prima volta che Filippo lo vedeva di persona e gli sembrò molto più giovane di quanto non pensasse. Si stava dando da fare con grande energia e parecchie volte si fermò per asciugare dal sudore gli occhialini rotondi.

I lavori, da ogni parte dello skate-park, proseguirono ancora per una mezz'oretta, ma sempre in silenzio: sembrava quasi che i ragazzi volessero tenere in serbo le forze. O forse era l'attesa che li faceva stare stranamente taciturni e tranquilli. Gli *skates*, ordinatamente allineati ai bordi dello spiazzo, attendevano come sull'attenti. Tutto era pronto, ormai. Mancavano soltanto "loro"...

Gli sembrò addirittura che ci fosse uno stereo acceso da qualche parte che trasmettesse la musica in diretta, quando li vide arrivare. E la musica era quella che la prof Trallucci aveva fatto sentire a loro alunni della seconda F appena qualche giorno prima e che li aveva così "caricati" che, dopo, era stato più difficile del solito mantenere la disciplina, tanto che aveva dovuto sbattere così forte il flauto sulla cattedra che questo quasi si spezzava in due. Quando la prof Trallucci si metteva a usare il suo preziosissimo flauto come un martello, del resto, voleva dire che avevano davvero passato il segno... Ma come si faceva a resistere a quella musica così gagliarda, così esaltante?

E adesso, mentre gli *skaters* stranieri (erano quasi tutti tedeschi, oltre a qualche inglese e a due o tre francesi) venivano avanti in formazione compatta dall'orizzonte del Nord che li aveva partoriti, Filippo – oltre alle note di quella melodia imponente affidata a trombe, corni e tromboni – ricordò anche la leggenda che l'accompagnava. Quella di un eroe chiamato Sigfrido.[1] Perché coloro che stavano venendo avanti sui loro *skates* parevano (o forse lo erano davvero) tanti "Sigfridi", tanti eroi di un mondo lontano giunti a far sognare loro poveri, piccoli mortali.

«Sono troppo bravi» fu il primo commento di Simone, a bocca aperta accanto a Filippo.

Ma era quello che pensavano tutti. Fra loro e quei ragazzi spinti verso il sole dal vento freddo del Settentrione c'era un abisso incommensurabile. Come avrebbe potuto Massimiliano esibirsi per conto del gruppo locale? Per quanto bravo, di fronte a quei giganti delle quattro rotelle sarebbe sembrato un pivello al primo salto!

Filippo gli gettò un'occhiata. Stava fissando uno skater con le treccine bionde che in quel momento aveva appena superato con la massima indifferenza la serie di ostacoli più difficile che lo skate-park potesse offrire. Non solo: una volta arrivato in fondo a quella specie di percorso, il vichingo[2] (gli mancava solo l'elmo!) si voltò e, con la stessa massima indifferenza, lo rifece daccapo. Ma questa volta all'indietro, e senza mai girare la testa! No, no, Massimiliano non avrebbe mai potuto competere con quegli dèi venuti dall'Olimpo teutonico.[3] Che peccato... Perché, anche se non si trattava di una competizione vera e propria, pure sarebbe stato bello potersi esibire almeno ad armi pari. Ma l'obiettivo sembrava davvero troppo, troppo difficile da raggiungere...

«Probabilmente sarebbe stato troppo difficile anche per Franci» osservò Marco.

«Puuuu... Puuuu... puuuuò darsi,» ammise Pino, «peeee... peeee... peeee... pe...» Si era incagliato e non riusciva più ad andare né avanti né indietro. Era sicuramente uno scherzo dell'ansia. Michele risolse la faccenda concludendo per lui:

«Però, se non si fosse rotto la gamba, avrebbe alme-

1. *Sigfrido*: eroe della mitologia germanica, rappresenta il guerriero puro e coraggioso. Alla sua figura si ispirarono numerose opere letterarie e liriche.

2. *vichingo*: i vichinghi erano guerrieri navigatori provenienti dal Nord. Qui il termine è impiegato in senso ironico.

3. *teutonico*: tedesco.

no potuto dare coraggio a Massimiliano gareggiando al suo fianco».

«Giuuuu... giuuuu... giusto!» concordò Pino con un sorriso di gratitudine.

Ma Franci era fuori uso e, tra una decina di minuti, sarebbe toccato a Massimiliano... Non c'era più tempo per le recriminazioni, né sarebbe servito a qualcosa farle. Bisognava andare, cercare di fare tutto il possibile, e farlo nel modo migliore.

Apparve all'improvviso così com'era apparsa la prima volta. Per un attimo Filippo pensò di essersi sbagliato di nuovo come quando, da dietro, l'aveva scambiata con un maschietto. Quando però gli fu davanti, non ci fu il minimo dubbio: non solo quella era una femmina in tutto e per tutto, ma era proprio lei, Rossella!

Era vestita d'argento da capo a piedi, nel senso che indossava una specie di tuta di un materiale che sembrava fosse argento, con le maniche corte e i pantaloni larghi che fluttuavano ad ogni passo che faceva. Di quella stoffa e di quel modello Filippo non aveva mai visto l'uguale.

«L'avrà comprato a Londra» sussurrò al suo fianco Marco, anche lui abbagliato dalla visione.

I capelli erano raccolti in una treccia altissima sulla testa, così alta da mettere in straordinario risalto la linea del collo, già di per sé molto slanciata. Alle orecchie portava due minuscoli bottoncini di cristallo da cui il sole traeva riflessi iridescenti. Gli occhi erano molto più azzurri del cielo limpidissimo, tanto che ricordavano piuttosto il mare.

Arrivò così inaspettata e così in silenzio che pochi, in un primo momento, si accorsero di lei. L'accompagnavano Fulvia e Simona, abbigliate in modo più consueto. A Filippo tornò in mente che una volta aveva pensato a lei come a una principessa e infatti anche in questa occasione le altre ragazze, senza far torto a nessuna delle due, sembravano dame di compagnia.

Ma le sorprese non erano ancora finite: nella scia di Rossella, quasi a chiudere l'immaginario corteo, avanzava un aggeggio metallico a due ruote, sospinto da un robusto signore barbuto e seguito a fianco da una donnina piccola coi capelli di un bel biondo fiammeggiante.

«Guarda, è Franci!» esclamò Simone dando di gomito a Filippo.

Proprio così: Franci, installato su una carrozzina, veniva avanti con il suo gambone ingessato e altre vistose fasciature alle braccia, le quali però non dovevano essere ridotte molto male visto che le agitava a più non posso per avvisare gli amici della sua presenza.

Filippo, Simone e Marco gli si affrettarono incontro, felici di rivederlo.

«Ma come mai? Non ci avevi detto che saresti venuto. Se l'avessimo saputo...» lo ammonì scherzosamente Simone.

«Volevo farvi un'improvvisata» rise Franci, tutto contento di esserci riuscito.

«E poi, a dir la verità, non eravamo sicuri che il medico ci desse il permesso di portarcelo via tanto presto» spiegò il signore barbuto, che era suo padre.

La madre ascoltava annuendo con un sorriso e rimirando con un sguardo pieno d'affetto il suo figliolo che, tra fasciature e bende, era diventato il doppio di quanto non fosse in realtà. Ma il ciuffo rosso – la sua fiammante bandierina naturale – sventolava più allegro e deciso che mai.

E forse fu per quel ciuffo, o per la gioia di aver visto, seppur da lontano, il proprio compagno ristabilito (anche se in carrozzella), che Massimiliano riacquistò parte della baldanza che sembrava aver perduto quando cinque minuti prima, semisvenuto sulla balaustra, guardava senza dir niente i miracoli che gli ospiti compivano sui loro *skates*.

Mandò un cenno di saluto nella sua direzione e, con un guizzo in avanti, si avviò verso il centro della pista. Era il suo turno, adesso. I vichinghi si fecero da parte per fargli spazio.

«È bravo, no?» fece Pino dimenticandosi di balbettare.

Certo, Massimiliano era bravo. Molto bravo. Compì senza il minimo errore, senza la minima sbavatura, una lunga serie di salti che strapparono convinti battimani. Scivolava via in scioltezza, sicuro del fatto suo. Stava facendo indiscutibilmente un figurone, però... era bravo e niente più. Il più bravo di tutti loro (eccetto Franci), ma gli altri erano... dei mostri!

Così l'esibizione terminò fra lunghe ovazioni e grida di evviva, senza tuttavia mettere in alcun modo in discussione l'assoluto predominio degli *skaters* stranieri.

«Che cosa ci vuoi fare?» commentò un po' deluso Simone. «Lo dice sempre anche mio padre, che noi italiani siamo a rimorchio del resto dell'Europa...»

Era un'uscita un po' infelice, ma in un certo senso aveva un fondo di verità.

Filippo ripensò, per ciò che lo riguardava, a quanto aveva dovuto penare perché la mamma gli accordasse il permesso di montare sulla tavola mentre quei ragazzi, solo poco più grandi di lui, probabilmente avevano iniziato ancora in fasce.

«Noi itaaaa... noi ita... liani siaaaa... sia... mo dei maaaa... dei maaaa... dei m... dei m...»

Pino non riusciva più a proseguire. Filippo, Simone e Marco si guardarono costernati: che cos'erano gli italiani? Non sapevano come aiutare l'amico a saltar fuori da quella frase per tutti così difficile.

«Siamo dei... mafiosi?» suggerì Simone, subito zittito da un'occhiataccia degli altri tre.

«Dei... manigoldi?» provò Filippo. Altra occhiataccia.

«Dei... matti?» fece Marco. Stavolta risero tutti anche se, naturalmente, la risposta non era quella giusta.

Allora Pino, invitando con una mano i compagni ad avere un po' di pazienza, inspirò profondamente alcune volte, aprì bene la bocca e riprovò:

«Maaaa... maaaa... mammoni!» Oh, finalmente c'era riuscito!

"E forse ha anche detto una cosa giusta" pensò Filippo.

La frase, a lui che avrebbe voluto essere un eroe come i "Sigfridi" che aveva davanti, bruciava un po'.

Poi avvenne quello che nessuno avrebbe mai potuto prevedere. Approfittando di un momento vuoto dell'esibizione, durante il quale tutti si erano affollati al tavolo del ristoro per dissetarsi, una lama d'argento scivolò inosservata al centro della piazzola di cemento.

Rossella, perché naturalmente era lei, sollevò il braccio sinistro verso l'alto come fanno i ginnasti quando devono segnalare alla giuria l'inizio del loro esercizio e, sempre verso quella giuria che non c'era, rivolse un bellissimo sorriso e un inchino appena abbozzato. Dopo di che cominciò, non prima di aver rivolto un'occhiata verso Franci che la stava guardando affascinato. Ma forse soltanto Filippo vide quell'occhiata... Poi via, via leggera e scattante, sulla sua tavola da cui baluginava la "grafica" anch'essa d'argento.

Cominciò con un flip accompagnato da una serie di ollie e poi, a seguire, una serie impressionante di salti e acrobazie sulle varie strutture, salti e acrobazie ogni volta più difficili, anche più di quanto non glieli avessero già visti fare.

Gli *skaters* e i curiosi, ai lati della pista, seguivano nel più assoluto silenzio la dea lunare che, scesa sulla terra, eseguiva la propria danza. E questo infatti sembrava il suo andare: una danza libera e aggraziata, là dove i vichinghi avevano dato vita a una cavalcata selvaggia e potente.

Si muoveva senza il minimo sforzo, eppure doveva costare anche a lei una bella fatica tutto quel lavorio di spinta e di controllo. Ma non una goccia di sudore le rigava il viso, non un capello le andava fuori posto. Sorridente dall'inizio alla fine, teneva gli occhi puntati oltre l'orizzonte.

Quando terminò, con una doppia piroetta che chiuse con le braccia sollevate verso l'alto, il silenzio continuò a lungo. Sembravano tutti restii ad applaudire, come se non volessero destarsi da un sogno meraviglioso. Ma bisognava farlo... E allora l'applauso, dapprima quasi contenuto per il troppo carico di emozione, si fece sempre più intenso, più vasto, più grande e sembrò non aver più fine.

L'unico a non applaudire fu Filippo. Era rimasto inebetito in una specie di trance dalla quale lo risvegliò, secco, il rumore di una lunga sfilza di "click" sparati a raffica.

Riconobbe immediatamente quel rumore: era lo stesso che sentiva fare alla mamma quando eseguiva un servizio fotografico per i propri clienti o anche per se stessa. Aveva migliaia di foto, sia in ufficio che a casa, e quindi Filippo aveva l'orecchio allenato.

Si voltò per vedere chi fosse il fotografo. Dapprima non ne fu sicuro, anche per via del cappellone a larga tesa per proteggere dal sole e per gli occhialoni neri che si mangiavano più di metà del viso. Ma quando sentì esclamare: «Brava! Bravissima! Eccezionale! Sublime!», si voltò di botto e, senza bisogno di chiedere conferme, gridò:

«Mamma! Anche tu qui?»

La madre era trasfigurata dal piacere di quello che Rossella le aveva appena fatto vedere. Gli occhi scintillanti, le guance accese, era in preda alla più viva eccitazione. Sembrava che da un momento all'altro sullo skate dovesse finirci anche lei.

«Ecco, ecco una ragazza che vorrei avere come figlia!» gli disse per tutta risposta. Poi lo piantò in asso per correre a fotografare Rossella più da vicino. Filippo le vide parlottare insieme come due vecchie amiche. E non era ancora finita... A lato della pista il papà – suo padre! – e Ruggero stavano confabulando con Gigi della "MelArancia"!

Filippo a quella distanza non poteva ovviamente sentire che cosa si stessero dicendo, però vedeva che erano molto allegri e che ridevano spesso. La loro conversazione si concluse infine con una pacca sulla spalla che il papà diede a Gigi (!), il quale in cambio gli allungò uno dei propri biglietti da visita – Filippo lo riconobbe chiaramente perché era di un formato molto grande e anche perché ne possedeva qualcuno pure lui – indicando con la mano la maglietta e i pantaloni che Ruggero indossava.

"Vuoi vedere" si disse Filippo "che stanno combinando per qualche acquisto?" Non credeva ai propri occhi: ma che cosa stava succedendo?

Come se non bastasse, in mezzo a loro si materializzò anche... il nonno. E lui, una maglietta di Gigi, l'aveva addirittura indosso! La portava bello fiero, su un paio di jeans che, anche quelli, Filippo a una seconda occhiata riconobbe come provenienti da quel negozio che fino a qualche giorno prima in casa sua era considerato il ricettacolo di ogni perdizione.

Il nonno lo vide e gli sorrise, facendogli cenno di non

allontanarsi. Ma dove sarebbe potuto andare? Lì, in quei pochi metri quadrati di terreno e di cemento, c'era tutto quello che amava e che desiderava...

«Ho qualcosa da farti vedere» disse il nonno.

Filippo gli guardò tra le mani, pensando di vedervi comparire l'ennesimo sacchetto di dolci e di gelato. Le mani del nonno, però, erano vuote.

«Niente pasticcini oggi, bello mio. Vieni con me...» e lo sospinse verso il furgoncino di Gigi, che aveva ancora il portellone laterale aperto.

Il nonno doveva essersi messo d'accordo con lui, poiché entrò senza alcun problema all'interno del mezzo e vi si trattenne qualche istante.

Filippo osservava ogni suo gesto, ormai piacevolmente rassegnato a seguire gli eventi senza pretendere di capirli. Stava accadendo di tutto, e tutto troppo in fretta. Però, siccome si trattava di avvenimenti stupendi, era ben contento che avvenissero, anche senza il benestare della sua volontà. Quando capì poi per quale motivo il nonno stesse armeggiando dentro il furgone...

Stava cercando un oggetto. Ma non un oggetto qualsiasi, bensì un formidabile skate nuovo di zecca, con la "grafica" rossa e nera come quella che sognava lui. Infatti rappresentava proprio un cavallo, un cavallo alato fermato nel bel mezzo di un nitrito che, da tanto che pareva vero, egli sentì perfino riecheggiare nelle orecchie!

«È tuo» disse il nonno.

La memorabile giornata, così densa di avvenimenti, era ormai al tramonto.

«Avete visto? Grazie a Rossella abbiamo dato la paga agli stranieri!» riassunse Simone, alzando le dita in segno di vittoria. Non aveva fatto caso a Massimiliano che, in un angolo, stava mettendo a posto il suo skate e che aveva sentito benissimo.

«Se non avesse deciso di mettersi a...» stava continuando, ma non poté finire la frase perché Marco gli mollò un calcio per farlo tacere.

Massimiliano, che aveva capito lo stesso quello che l'altro avrebbe voluto dire, alzò tranquillamente lo sguardo su di loro e li rassicurò con una bonarietà che gli amici apprezzarono ancora di più quando ebbero sentito ciò che aveva da dire:

«Non preoccupatevi per me, ragazzi, non mi offendo mica. So che siete stati soddisfatti anche della mia prova e, d'altra parte, penso di aver fatto tutto quello che era nelle mie possibilità. Ma Rossella... Be', lei è tutta un'altra cosa. Lo so anch'io che se non ci fosse stata lei noi saremmo stati irrimediabilmente messi ko. Così, invece... credo proprio che i vichinghi torneranno a casa scornati!»

Si trattava di una battuta e nient'altro, in realtà, perché gli *skaters* locali avevano stretto una bella amicizia con quelli stranieri che, lungi dal covare desideri di rivalsa, si erano accordati per replicare l'iniziativa il più presto possibile. Magari la volta successiva a casa loro, perché no?

«*Venire voi, bravi italiani. Voi ospiti. Quando venire*?» aveva detto infatti quello con le treccine, che masticava un po' di italiano. E tutti l'avevano preso per quello che era: un invito in piena regola.

"Per me sarà forse impossibile" pensò Filippo. Figurarsi se la mamma l'avrebbe lasciato andare in un altro paese, un paese straniero... Però erano successe tante cose ultimamente, che all'inizio erano sembrate impossibili, che Filippo rimandò la faccenda al momento opportuno. "Inutile fasciarsi la testa prima di essersela rotta" era un altro dei proverbi preferiti della nonna. Al quale ne faceva seguire sempre un altro ancora: "Chi non risica, non rosica". Insomma, dàtti da fare se vuoi ottenere quello che desideri...

«È questa la grande lezione che ho imparato da tutta questa storia dello skate. Una lezione molto più importante che non imparare, in sé e per sé, ad eseguire un ollie o un flip» si disse a mezza voce.

«Hai proprio ragione» sussurrò Rossella accanto a lui.

Anche questa volta non l'aveva sentita arrivare. Era ancora tutta vestita d'argento, ma i capelli biondi erano adesso sciolti sulle spalle. Com'era bella... Ripensò con una stretta al cuore a come aveva sorriso a Franci.

«Non è vero, però, che si può ottenere tutto quello

che si desidera. Non è vero neanche se ci metti tutto te stesso» gli scappò detto quasi senza accorgersene.

Rossella annuì, seria, e rispose:

«Ci sono cose che devono rimanere sogni».

E si chinò a sfiorargli la fronte con un bacio.

Filippo chiuse gli occhi senza dire una parola. Quando li riaprì, Rossella non c'era già più.

analisi del capitolo 10
a pagina 196

Lo skate-board: mezzo di locomozione, passatempo o sport?

Mezzo di locomozione...

Lo *skate-board*, nome inglese che si può tradurre letteralmente con "tavola che pattina", è un oggetto costituito da una tavola sotto la quale sono montate quattro rotelle. Sulla tavola si sale con uno o due piedi. Lo *skate*, come più semplicemente viene chiamato, può quindi essere collocato tra i mezzi più semplici di locomozione. Non serve nessun tipo di patente per spostarsi su questo attrezzo e, una volta che si riesce a stare in piedi sulla tavola in movimento, l'unico sforzo da fare consiste nel darsi una spinta di tanto in tanto, per poi lasciarsi andare, scivolando.

... passatempo o sport?

Ma lo skate è soprattutto un piacevole passatempo: oltre al suo uso facile e divertente per gli spostamenti, ciò che lo ha reso sin dall'inizio una passione per molti giovani è il fatto di servire come strumento per compiere incredibili acrobazie. Dalle evoluzioni più semplici, come le impennate sulle ruote anteriori o posteriori, e i giri su se stessi, si è arrivati oggi, grazie ad un perfezionamento della tecnologia del mezzo, a tutta una serie ormai ben definita di figure di alto livello atletico, degne di campioni sportivi.

Le origini

I due componenti di base dello skate, ruote e tavola, fanno pensare a due possibili origini: per alcuni, infatti, lo skate è un discendente dei pattini a rotelle, per altri invece deriva dal *surf*. Anche se la sua storia è piuttosto recente, non possediamo una data di nascita precisa; quanto al luogo, questo è sicuro: gli Stati Uniti. Possiamo comunque fissare nei decenni 1950-60 lo sviluppo di questo attrezzo. Sappiamo infatti che in quegli anni, soprattutto in California, molti giovani scatenati, e forse già collaudati surfisti, andavano sullo skate, scivolando avanti e indietro sulle pareti verticali delle piscine vuote, quelle con il fondo tondo e raccordato con transizioni.

L'evoluzione tecnica

Poiché inizialmente lo skate era uno strumento rudimentale, non sempre permetteva di affrontare gli ostacoli di cemento con la stessa facilità con cui il surf riusciva a domare le onde. Le limitazioni nelle acrobazie spensero per un po' la passione e la popolarità della disciplina. Si rendevano necessari dei miglioramenti tecnici.

Le prime innovazioni furono messe a punto già nel 1973; ma il 1975 fu l'anno della rivoluzione tecnica, grazie all'idea di un giovane ingegnere, Nasworthy, di montare sullo skateboard ruote in un materiale plastico chiamato *uretano*: essendo più morbide e leggere, le ruote permettevano manovre più simili a quelle del surf. Grazie a tali maggiori possibilità di elevazione, dalle pareti delle piscine si passò a strutture appositamente costruite, come i primi *quarter* (le rampe curve di un quarto di circonferenza) negli antenati degli attuali skate-park.

La diffusione

Negli anni seguenti lo skate-board continuò la sua evoluzione e diventò un fenomeno diffuso anche nel resto del mondo, tanto che nel 1978 si contavano già 1.200.000 praticanti.

In città è facile trovare qualche giovane che, sulla tavola, prova a sfidare qualsiasi tipo di ostacolo urbano, come marciapiedi, scale, ringhiere, panchine ecc.

Molti ragazzi che prima praticavano lo *skate-boarding* solo per passione, si sono trasformati in veri e propri professionisti dello sport, con sponsor e il proprio nome citato sui giornali specializzati, che cominciano a circolare tra gli appassionati di tutto il mondo.

La crisi

Negli anni ottanta lo skate-board subisce una nuova crisi, forse perché nuove mode si impongono tra i giovani o forse perché il riconoscimento ufficiale come sport tarda ad arrivare.
Molti dichiarano già la morte della disciplina. Altri invece parlano di fluttuazione, dovuta ai cambiamenti generazionali.

La riesplosione

In effetti, poco dopo si assiste ad un rilancio della disciplina, con la diffusione di una nuova figura, l'*ollie-air* (inventata da Alan Gelfand, soprannominato appunto "*Ollie*"), che permette allo skater di staccarsi dal suolo e librarsi nell'aria. Alla fine degli anni ottanta (novanta in Italia) il fenomeno skate riesplode. Da allora e ancora oggi continua l'ondata di popolarità. Gli effetti sono visibili a tutti, con l'espansione a macchia d'olio degli skate-park, la commercializzazione di attrezzature e abbigliamento, l'organizzazione di manifestazioni e di campionati. Tutto ciò è favorito dalla sempre maggiore diffusione di notizie tramite i mezzi di comunicazione, soprattutto siti internet.
Anche se lo skate-board fatica ad ottenere un pieno riconoscimento come sport, perché molti dei suoi aspetti sono difficilmente quantificabili, è inserito tra le discipline dei Giochi Olimpici del 2008, nella categoria "Rampa".

Il lessico sportivo

Il lessico

Il *lessico* è l'insieme delle parole e locuzioni che costituiscono una lingua o un settore di essa; c'è, per esempio, il *lessico italiano*, ma c'è anche il *lessico sportivo*. Esso è la base per comunicare: ce ne rendiamo conto quando ci troviamo a parlare con qualcuno che non conosce la nostra lingua, perché le parole che noi pronunciamo per lui non hanno un senso.

Il lessico in evoluzione

Occorre tenere presente che il lessico non è fissato una volta per tutte, ma è il settore della lingua più in evoluzione, essendo particolarmente esposto agli influssi e ai cambiamenti della società. Considerando l'evoluzione del lessico italiano, osserviamo che spesso essa è determinata da due tipi di meccanismi.

Il forestierismo

Uno è il *forestierismo*, ovvero l'importazione nella lingua italiana di parole prese in prestito da lingue straniere. Nel 1800 fino alla prima metà del 1900 era soprattutto il francese la lingua straniera dalla quale l'italiano attingeva, mentre a partire dalla seconda guerra mondiale l'inglese è la lingua che si impone.

L'influenza di termini tecnici

L'altro meccanismo è invece il passaggio alla lingua comune di *parole nate per un uso specialistico*. Siccome spesso tali parole derivano da lingue straniere, allora si ha la somma dei due meccanismi.

I linguaggi specialistici

All'interno della lingua italiana, come di ogni altra lingua, si sviluppano dei linguaggi che non fanno parte dell'uso comune ma sono adottati nella comunicazione tra specialisti di una certa materia. Pensiamo ai linguaggi tecnico-scientifici, come la fisica, la biologia, la medicina ecc., ma anche a quelli adottati da certi gruppi sociali e ambiti professionali. Fra questi in particolare spicca il linguaggio sportivo in generale e, nello specifico, i vari lessici tipici di ciascuna disciplina. Ormai usiamo comunemente espressioni come *mettere k.o.* o *gettare la spugna* senza pensare che derivano dal gergo del pugilato; lo stesso facciamo con l'espressione *seguire a ruota*, che viene dal ciclismo.

PER SAPERNE DI PIÙ

Il lessico sportivo

Ma come nascono e quali caratteristiche devono avere il lessico sportivo e le espressioni che si compongono a partire da questo?
Certamente l'origine delle parole poi diventate termini tecnici sta nella pratica stessa del gioco, perché non dimentichiamo che un gioco spontaneo diventa sport quando viene regolato da norme precise. Per questo si usano parole semplici e chiare, ma di effetto. Prese nel loro insieme, possono arrivare a costituire come un codice interno, il segnale di appartenenza ad un gruppo; talvolta si tratta quasi di una *neolingua*, costituita da termini presi da più lingue, diffusa tra i praticanti o gli appassionati di un certo sport.

L'uso dell'inglese

Sappiamo che molti sport hanno origine in paesi anglofoni (Inghilterra, Stati Uniti, Australia); nella loro diffusione in Italia spesso hanno mantenuto una nutrita serie di termini tecnici inglesi.
È la ragione dello stretto legame anticipato prima tra il meccanismo del forestierismo e l'uso dei linguaggi specializzati, di quello sportivo in particolare. Un gergo comune facilita senz'altro la comunicazione tra atleti di lingue diverse. Non si deve, però, nemmeno abusare dei termini tecnici anglicizzati, pensando che una certa forma straniera sia preferibile all'equivalente espressione italiana. La padronanza di una lingua straniera non si misura dal numero di parole di quella lingua che si inseriscono in frasi italiane.
Anche nel linguaggio sportivo è impor-

tante sfruttare la ricchezza della propria lingua, cercando, per quanto possibile, di usare un lessico italiano che sia facilmente riconducibile a quello di origine. Da questo punto di vista è interessante sfogliare le pagine del *Lessico sportivo generale,* una pubblicazione realizzata dal Comitato organizzatore dei XX Giochi olimpici invernali di Torino 2006, in collaborazione con l'INSEP (*Institut National du Sport et de l'Education Physique*) di Parigi: per ogni disciplina olimpica è indicata la terminologia ufficiale in tre lingue: italiano, inglese e francese.

Nel romanzo

Nel romanzo il protagonista, Filippo, scopre che conoscere bene la terminologia dello sport che vuole imparare è importante quasi quanto saper applicare le regole. Non si sente fino in fondo appartenente al gruppo degli *skaters* fino a che non acquisisce una buona proprietà di linguaggio. La difficoltà che Filippo deve affrontare deriva dal fatto che il lessico riguardante questo sport, compresa la parola stessa *skate*, viene dall'inglese. Filippo studia già questa lingua straniera a scuola, ma senza grande stimolo. Ora, per non sfigurare con i suoi nuovi amici dello skate, scopre l'utilità di seguire con attenzione le lezioni e fare i compiti di inglese.

Glossario

Per allenare anche il lettore al linguaggio dello skate, offriamo un piccolo glossario dei termini fondamentali, distinto in tre gruppi:

- i *nomi delle varie parti* di cui si compone uno skate-board;
- i *nomi delle attrezzature* solitamente presenti in uno skate-park;
- i *nomi delle figure o acrobazie* realizzabili con lo skate.

LE PARTI DELLO SKATE-BOARD

Board, "tavola"
È l'elemento principale, la parte di legno. Esiste di varie forme e taglie; sulla base della larghezza si può riconoscere una *tavola da strada* (7,5 pollici) da una *da rampa* (8,5 pollici). Ogni tavola si può a sua volta distinguere nelle seguenti parti:
a. *nose*, "naso": la parte anteriore;
b. *ail*, "coda": la parte posteriore;
c. *grip*, "presa": il foglio adesivo che ricopre tutta la tavola, comparabile alla carta vetrata, che serve ad assicurare l'aderenza delle scarpe alla tavola.

Truck, "asse"
Ogni *skate* possiede due assi di metallo, direttamente avvitati alla tavola, che servono da supporto per le ruote.

Cuscinetti
Ogni tavola necessita di 8 cuscinetti (due per ruota). Sono di solito a sfera, e ne esistono di più lenti e di più rapidi. I cuscinetti più lenti sono i più solidi.

Ruote
Ci sono quattro ruote, di circa 6 cm di diametro, di un materiale plastico, l'uretano, ideale per la sua morbidezza e leggerezza.

ATTREZZATURE

Rail, "barra"
In generale con questo nome si indicano barre e ringhiere sulle quali è possibile scivolare con il *truck*.

Half-pipe, "mezzo tubo"
È una rampa curva a forma di "U" (mezza circonferenza) che permette di scivolare

avanti e indietro; alle due estremità si trova un *rail*, chiamato più specificamente *coping*, sul quale si possono eseguire delle figure.

Quarter (pipe), "un quarto (di tubo)"
Piccola rampa curva, di un quarto di circonferenza, dall'alto della quale si scende per prendere la rincorsa e affrontare con velocità gli ostacoli successivi. Si possono combinare due *quarter* per le estremità inferiori, così da ottenere un *half-pipe*, mentre se si fanno coincidere le estremità superiori si ha uno *spin*.

FIGURE

Ollie
Dal soprannome del suo inventore, è il salto ottenuto spingendo sul *tail*, la parte posteriore della tavola, e ricadendo sulla tavola stessa.

Flip, "capriola"
Consiste nel far girare lo skate durante un salto.

Grind, "cigolio"
Scivolare su un *rail* non usando le ruote dello skate ma il *truck*, la parte di metallo tra le due ruote. Dato che spesso il *rail* è di metallo, lo sfregamento di due metalli può produrre dei cigolii.

Slide, "scivolata"
Scivolare su un *rail* non usando le ruote ma la tavola stessa.

Il bullismo

Il bullo nel romanzo

Nel romanzo compare il termine *bullo*, attribuito ad un ragazzo, Spakky, che frequenta la stessa scuola media del nostro protagonista.
Spakky è descritto come "una bomba umana", "l'incubo di professori, bidelli e compagni". L'autrice, dopo aver dato alcuni esempi degli atti vandalici che riesce a compiere, conclude definendolo un teppista; a questo termine affianca l'altro, quello di *bullo*, appunto, ritenendolo più adatto all'ambiente della scuola. Chi è in effetti il bullo? E che cosa si intende con *bullismo*?

La definizione

Ancora agli inizi degli anni novanta del Novecento nei vocabolari della lingua italiana *bullo* era genericamente "un prepotente, bellimbusto che si mette in mostra con spavalderia". Negli ultimi tempi il termine *bullo* è impiegato in modo più preciso e circoscritto ad una fascia di età molto giovane e all'ambiente scolastico per indicare un ragazzo (talvolta anche una ragazza) che, in modo ripetuto e intenzionale, ha un comportamento persecutorio e violento nei confronti di coetanei che si mostrano più deboli. Nel 1996 si è coniato il neologismo *bullismo* (dall'inglese *bullying*) per descrivere l'insieme di comportamenti che il *bullo* mette in atto per il semplice gusto di fare del male a qualcuno che non sa difendersi.

La scuola

Manifestazioni di aggressività di questo genere sono divenute sempre più frequenti e preoccupanti nell'ambiente scolastico già nella scuola primaria e nella scuola media, tanto che ai genitori e agli insegnanti si sono uniti medici, psicologi, forze dell'ordine e associazioni in difesa dell'infanzia per affrontare e cercare di risolvere il problema.

I segni del bullismo

Gli esperti aiutano a distinguere il bullismo da un normale conflitto tra coetanei mettendo in rilievo alcuni elementi distintivi:

1. si tratta innanzitutto di una relazione in cui sono coinvolti un *prepotente* che vuole dominare e una *vittima* che non sa difendersi;
2. il prepotente, o bullo, *fa del male, insulta, aggredisce*:
   a. per il piacere di dominare la vittima, per mostrare la sua forza,

senza una ragione precisa che abbia scatenato la tensione;

b. per un lungo periodo e aumentando l'intensità delle prepotenze.

La vittima è scelta fra chi si mostra più insicuro rispetto agli altri coetanei e non perché ha fatto realmente qualcosa per scatenare lo scontro. Per questo spesso la vittima non ha il coraggio di reagire alle prepotenze del bullo né di parlarne ad amici o agli adulti.

Combattere il disagio

È importante essere vigili e non tacere se si osserva che qualcuno subisce ingiustamente delle angherie. Si incoraggiano e si tollerano atteggiamenti di prepotenza anche restando semplicemente in silenzio.
Di fronte a questo problema, lo sforzo comune, di ragazzi e adulti insieme, dovrebbe essere quello di trovare una soluzione che eviti qualsiasi forma di isolamento. Non bisogna certamente lasciare solo chi subisce, quasi accettando il principio del dominio del forte sul debole; ma non è nemmeno giusto isolare e marchiare con l'etichetta di *bullo* chi agisce con prepotenza. Spesso la forza che vuole mostrare è soltanto apparente e nasconde un disagio a cui forse nessuno ha trovato un rimedio.

Gli ultimi dati

Nel marzo 2006 l'Organizzazione mondiale della sanità (OMS) ha promosso a Firenze un incontro internazionale in cui si sono riuniti scienziati, medici e responsabili delle politiche di promozione della salute per analizzare e discutere i risultati della ricerca intitolata "I determinanti sociali che influenzano le abitudini alimentari e l'attività fisica degli adolescenti". Tale ricerca è stata svolta in 35 nazioni da un organismo interessato allo studio dei comportamenti dei ragazzi in età scolare, l'*Health behaviour in school-aged children* (HBSC): si tratta di un'indagine riguardante gli stili di vita e i comportamenti degli adolescenti che viene ripetuta ogni quattro anni. Sulla base dei risultati ottenuti in ogni paese, i partecipanti all'incontro hanno cercato di individuare strategie comuni per affrontare le difficoltà che il mondo degli adolescenti mostra di avere.

Per la ricerca italiana sono stati intervistati 4386 fra ragazzi e ragazze di 11, 13 e 15 anni, che hanno compilato un questionario con domande riguardanti l'ambiente familiare (status sociale ed economico, qualità delle relazioni in famiglia), l'ambiente scolastico (relazioni con gli insegnanti, con gli amici, fenomeni di bullismo), gli stili di vita (abitudini alimentari, movimento e tempo libero), i comportamenti a rischio (fumo, consumo di alcol e droghe) e lo stato di salute (percezione della propria salute, autostima, valutazione della propria immagine corporea).

Per quanto riguarda il fenomeno del bullismo, i dati raccolti hanno indotto a parlare di *allarme*, come risulta dalla sintesi del rapporto finale che proponiamo di seguito.

Allarme bullismo

Il rapporto con i genitori diventa sempre più difficile con il crescere dell'età ed è problematica soprattutto la relazione con il padre. Nello stesso modo peggiora con il passar del tempo il rapporto con la scuola: i quindicenni a cui la scuola piace molto o abbastanza sono a mala pena il 50% e il "molto" raggiunge solo il 9%. Sui banchi italiani è allarme bullismo: il 35% degli undicenni denunciano di esserne stati vittime di recente (contro meno del 20% dei quindicenni). A 15 anni diventa problematico anche il rapporto con gli insegnanti, che, secondo la "campana" dei ragazzi, trattano gli allievi con giustizia solo nel 48% dei casi.

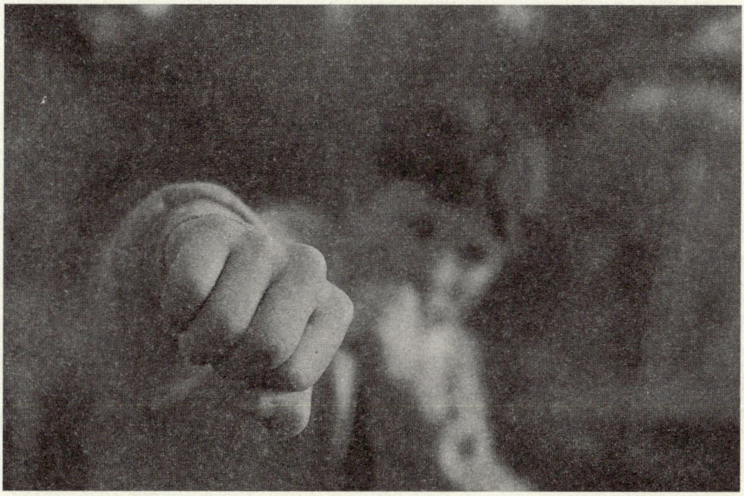

Lavoriamo sul testo

Per comprendere

La passione per lo skate

Il primo capitolo si apre con il nome del protagonista del romanzo, Filippo, a cui è immediatamente attribuita la passione per lo skate, che sarà il filo conduttore di tutte le vicende che si susseguiranno. Inizialmente il ragazzo ci è presentato a casa, nella sua camera in particolare; alla fine del capitolo scopriremo con lui il luogo dove realizza il sogno: il parco dello skate.

Ripercorriamo insieme le tappe che portano Filippo a conoscere lo skate e a scoprire dove e con chi poterlo praticare, rispondendo alle domande che seguono.

1. Com'è nata in Filippo la passione per lo skate? Il ragazzo viene a conoscenza di questo sport in due circostanze diverse nella stessa giornata. Quali sono?

....

....

....

2. Perché per un po' Filippo si rassegna a sognare lo skate ad occhi aperti, senza poterlo provare?

....

....

....

3. Chi per primo scopre la nuova passione di Filippo? In quale modo lo scopre?

....

....

....

4. Quale fatto definito "prodigioso" accade?

....

....

....

▶

5. Che cos'è rappresentato sullo skate che Filippo sogna la notte prima di andare allo skate-park?

....

....

....

6. Dove si trova lo skate-park?

....

....

....

7. Chi lo frequenta?

....

....

....

8. Chi è la prima persona che Filippo conosce allo skate-park? Come si dimostra nei suoi confronti?

....

....

....

Per analizzare

I due fratelli a confronto

● Dal racconto contenuto in questo primo capitolo ricaviamo già varie indicazioni a proposito dell'aspetto fisico, delle attitudini e del carattere di Filippo; conosciamo inoltre la madre, il padre e, soprattutto, il fratello Ruggero, molto diverso da Filippo.

Inserisci nello schema le seguenti descrizioni, attribuendole a uno dei due fratelli (una sola vale per entrambi):

ha tredici anni / ha la passione per la musica / è molto agile e pieno di energie / è nato per lo sport / ha diciassette anni / ha la faccia aggrottata e non parla quasi mai / gioca a pallacanestro / è piccolo di statura / nitrisce invece di ridere / pigola invece di piangere / è di mole grande e grossa / ama la vita comoda / alla bicicletta preferisce il motorino

Filippo	**Ruggero**
....	....
....	....
....	....
....	....
....	....
....	....
....	....
....	....

Nonostante le significative differenze, Filippo e Ruggero si "incontrano" e si scoprono reciprocamente fratelli grazie ....
....
....

Per scrivere

Dove osano gli skates

Il pannello per gli sfoghi

▲ Come abbiamo visto, Filippo utilizza il pannello che la mamma gli ha attaccato in camera per rendere visibili i suoi sfoghi, di gioia o di rabbia. Immagina che lo spazio sottostante sia il tuo pannello e riempilo con le tue sensazioni del momento.

W la mia squadra!

Abbasso..................

Oggi mi sento

....

A lezione di skate

Per comprendere

■ Nel secondo capitolo Filippo concretizza il suo sogno: ha finalmente trovato uno skate, un luogo dove allenarsi e degli amici con i quali condividere questa passione. Filippo apprende rapidamente. Sa bene che entusiasmo e predisposizione verso lo sport non gli mancano, ma scopre anche di avere una certa dose di umiltà accettando di uscire dalla prima lezione un po'... ammaccato.

Con il seguente esercizio verifica se anche tu, come Filippo, sei una "promessa" dello skate: metti una crocetta su V se le affermazioni sono vere e su F se sono false (in questo caso riscrivile correttamente nello spazio sottostante).

1. Lezione numero uno: per fare lo skater ci vogliono occhio, piede e attrezzatura. [V] [F]

....

....

2. Per spingersi sullo skate occorre imparare a usare entrambi i piedi allo stesso modo. [V] [F]

....

....

3. Sullo skate bisogna essere molto rigidi. [V] [F]

....

....

4. L'ollie è il salto che permette di saltare in alto con le gambe portandosi dietro anche la tavola. [V] [F]

....

....

▶

5. Il grip è un foglio di carta vetrata sagomato come le scarpe che facilita l'aderenza dei piedi alla tavola. [V] [F]

....

....

6. Per lo skate occorrono scarpe fatte apposta, a "banda larga". [V] [F]

....

....

7. L'ollie centottanta è un mezzo giro in volo con la tavola. [V] [F]

....

....

8. Il flip consiste nel far ruotare la tavola su se stessa mentre ci si salta sopra. [V] [F]

....

....

9. Per eseguire il flip la tavola va colpita con il piede sulla parte anteriore. [V] [F]

....

....

lavoriamo sul testo

***capitolo* 2**

Per analizzare

Dove osano gli skates

I nuovi amici

● Nel primo capitolo Filippo ha conosciuto Franci, che si è subito offerto come insegnante. In questo capitolo incontra anche Marco.

Completa la descrizione dei primi due amici che Filippo trova al parchetto. Infine individua per ciascuno due aggettivi che li caratterizzino.

Franci è un ragazzo dai capelli ...., alto e ben piazzato come Ruggero. Ha .... anni. Si è offerto di insegnare a Filippo a usare lo skate. Filippo nota che Franci è molto educato, anche se un po' ...., ma soprattutto è un insegnante ...., per nulla uguale ai suoi professori: infatti riesce a spiegare molte cose con .... È instancabile e desideroso di insegnare a Filippo tutto ma proprio tutto nello stesso giorno.

Quindi Franci sembra essere .... *e* ....

Marco è un ragazzino dai capelli .... e gli occhi azzurri. Le sue lunghe ciglia gli danno un'aria da .... Si mostra subito molto tranquillo e gentile; il suo ampio .... non riesce a nascondere un mostruoso apparecchio che impressiona a tal punto Filippo da definire il ragazzino " .... ". Marco è abile nel mettere a punto la sua tavola: Filippo lo conosce mentre sta cambiando il .... Dà poi una dimostrazione pratica di un perfetto ....

Quindi Marco sembra essere .... *e* ....

Per scrivere

Dove osano gli skates

Ora insegno io

▲ Filippo è felicemente sorpreso nello scoprire che tutti i ragazzi appena conosciuti sono disponibili ad insegnargli i segreti dello skate.

Immagina che un tuo amico sia interessato allo sport che tu pratichi (o che conosci); prova a spiegargli per iscritto le regole principali.

Sport: ....

Regole principali

1. ....
....
....

2. ....
....
....

3. ....
....
....

4. ....
....
....

5. ....
....
....

lavoriamo
sul testo
capitolo 3

Dove osano gli skates

Attrezzature e sponsor

Per comprendere

Nel terzo capitolo Filippo torna al parchetto ancora più impaziente di imparare tutte le figure dello skate e di stare con i suoi amici. Per i ragazzi della nostra storia lo skate è un modo di vivere e di sentirsi uniti. È per questo che lo skate-park ha tanta importanza per loro. Lì si allenano, e non solo: possono conoscersi, stare insieme, scambiarsi opinioni, imparare a rispettare le regole, "crescere".

Per conoscere meglio il luogo principale in cui si svolge la vicenda narrata nel libro prova a rispondere alle domande che seguono.

1. In che modo Filippo raggiunge il parchetto?

....

....

....

2. Dove si trova lo skate-park? Che cosa sorge nelle sue vicinanze?

....

....

....

3. Quali strutture vi sono nello skate-park?

....

....

....

4. Chi le ha costruite?

....

....

....

5. Che cos'è uno sponsor?

....

....

....

▶

6. Qual è lo sponsor dello skate-park?

....

....

....

7. Quali sono gli accordi tra i ragazzi dello skate-park e lo sponsor?

....

....

....

8. Sono ben visibili le scritte dello sponsor? Perché?

....

....

....

Per analizzare

Ascoltare gli altri

Frequentando il parchetto le amicizie di Filippo aumentano; ma non si può dire che fino a quel momento il nostro aspirante skater fosse solo.

Ecco alcune delle persone citate nella storia che sono vicine a Filippo:

il nonno Sergio, Ruggero, Franci, Marco, Simone

Nei tre capitoli che hai letto ciascuna di esse ha detto qualcosa di importante a Filippo; associa ogni persona alla frase che ha pronunciato completando l'esercizio che segue.

1. «Se proprio insisti, ti spiegherò qualcosa io» dice a Filippo .... a proposito dello skate.

2. «Quando sbagli, riprova subito. Non dar tempo all'errore di metter radici dentro di te»: così ama ripetere a Filippo ....

3. «Nella vita bisogna essere umili»: in questo modo .... ammonisce Filippo.

4. «Chi non conosce lo skate crede che sia una stupidaggine. E invece... Ma sai chi è che la pensa così? Quelli che hanno dei pregiudizi», spiega .... a Filippo.

5. «... è sufficiente che lo sappiamo noi *skaters* che la "MelArancia" esiste e ci sostiene» dice .... a Filippo, spiegandogli come funziona lo sponsor.

Per scrivere

I diversi sguardi

▲ Anche se gli *skaters* non hanno una divisa, seguono un tacito codice per l'abbigliamento che li fa identificare come gruppo. Per questo Filippo, con la maglietta e i jeans che fino a quel momento gli erano piaciuti, si sente all'improvviso ridicolo e inadeguato. Certamente non è quello che pensa la mamma.

A partire da quanto hai letto a proposito dello "sguardo" di Filippo e di quello della mamma sull'abbigliamento dei ragazzi che frequentano lo skate-park, in particolare sul modo in cui sono vestiti Franci, Marco e il nuovo amico Simone, prova a immaginare e a comporre prima il commento di Filippo e poi quello della mamma servendoti delle seguenti parole:

ragazzacci / vero skater / catena / stracci / larghi / segreto / comodo / gruppo / paura / caro / famiglia.

Filippo

....
....
....
....
....
....
....
....
....
....
....
....
....

▶

La mamma

Per comprendere

Dove osano gli skates

Skate, addio!

■ «*Skate, addio!*»: queste parole sintetizzano bene lo stato di tristezza e rassegnazione in cui Filippo si trova nelle prime pagine del capitolo 4: la mamma non gli permette più di frequentare lo skate-park. Nella seconda parte tuttavia un fatto sorprendente fa cambiare i propositi della mamma e dà a Filippo una nuova speranza: anche il nonno confessa la passione per lo skate.

Per ricostruire le dinamiche della famiglia di Filippo, completa in modo corretto il testo che ti proponiamo scegliendo fra le parole proposte di seguito.

del papà / dar ragione / nessuno / postaccio / incompreso / del nonno / una risata / disavventure / capitomboli / le bugie / qualcuno / segreti / dir di no / mangiare / skatare / felice / entusiasta / comprensiva / rigida / un pianto / i brutti incontri / pregiudizi / abbandonato /

Allo sfogo di rabbia della mamma per .... di Filippo e di preoccupazione per .... che il suo "bimbo" avrebbe potuto fare, ... tenta una replica: né Filippo, per il quale la mamma ha dei .... sullo skate, né il papà di Filippo, che quando si sente tirato in ballo preferisce .... alla moglie, né Ruggero, che continua a .... in silenzio e viene accusato di aver portato il fratello in quel ....
Filippo in questa circostanza si sente .... e ....
Tutti preferiscono subire.
Ma la mamma non è così .... come sembra; infatti, basta il racconto entusiasta .... a farle vedere le cose in modo diverso e a farla scoppiare in ....

lavoriamo sul testo

capitolo 4

Per scrivere

Cara mamma

▲ Abbiamo visto che Filippo ha difficoltà a spiegare alla mamma che i ragazzi che frequentano lo skate-park non sono dei teppisti. Forse avrebbe potuto parlarle direttamente.

Prova tu al posto di Filippo a scrivere una lettera alla mamma: mostrale, portando come esempi i ragazzi finora conosciuti, perché è un pregiudizio pensare che soltanto dei tipacci frequentano lo skate-park. L'esercizio è avviato.

Cara mamma,
perdonami per averti raccontato delle bugie. Non mi è piaciuto per niente. Ma ti vorrei spiegare che lo skate-park che si trova vicino al supermercato dove tu vai a fare la spesa non è il postaccio che tu credi.

....

....

....

....

....

....

....

....

....

....

....

....

....

....

....

....

Per analizzare

Dove osano gli skates

Il nonno

● Una figura importante nella vita di Filippo, e non soltanto perché gli dà la speranza che la mamma possa cambiare idea sullo skate-park, è il nonno Sergio.

Rispondi alle domande che seguono per ricostruire la personalità del nonno di Filippo.

1. Di chi è padre il nonno Sergio?

....

....

2. Quanti anni ha?

....

....

3. Qual è il suo aspetto fisico?

....

....

4. Qual è il suo carattere?

....

....

5. Che abbigliamento preferisce?

....

....

6. Quale passione Filippo ha ereditato dal nonno?

....

....

7. Qual è stata l'ultima impresa del nonno?

....

....

▶

8. Qual è il suo rapporto con la moglie, la nonna Valeria?

....

....

9. Perché è solo quel famoso giovedì sera? Dov'è la nonna?

....

....

10. Qual è l'elemento di somiglianza tra la mamma e il nonno?

....

....

Per comprendere

Dove osano gli skates

Con il nonno allo skate-park

■ Nel capitolo 5 assistiamo al ritorno di Filippo allo skate-park. La mamma ha ceduto a una condizione: che il nonno lo accompagni.

Completa il riassunto inserendo le parole che seguono al posto giusto.

diplomatici / fiero / sacrificio / imbarazzante / invadente / fatiscenti / sorpresi / gentilmente

Per Filippo non è affatto un .... essere accompagnato dal nonno; anzi è .... di presentare ai suoi amici il nonno come un altro patito di skate. I ragazzi, pur essendo .... che il nonno alla sua età si interessi allo skate piuttosto che alle bocce, lo accolgono molto .... La presenza di un adulto si rivela subito utile e per nulla ....: il nonno, infatti, che non è né .... né imprudente, ma lascia ai ragazzi il piacere di saltare e di volare con lo skate, propone di occuparsi di rimettere in sesto le attrezzature che trova un po' .... I suoi modi cordiali e .... eviteranno a Filippo e ai suoi amici uno scontro con un gruppo di pattinatori.

Per spiegare

Le origini dei nomi

▲ Il nonno di Filippo è pieno di sorprese: si dimostra capace anche di riparare le strutture fatiscenti dello skate-park.

Verifica se hai compreso il significato dei nomi inglesi delle diverse strutture descritte nel capitolo e spiega perché sia stato dato un simile nome a ciascun tipo di attrezzatura rispondendo a una serie di domande. Infine proponi un nome italiano adeguato e che possa piacere agli appassionati di skate.

• **Quarter**

a. Che tipo di attrezzatura è il *quarter*?

....

....

b. Che cosa significa *quarter*?

....

....

c. Perché si usa il nome *quarter* per questo tipo di attrezzatura?

....

....

d. Quale nome italiano proponi?

....

....

• **Rail**

a. Che tipo di attrezzatura è il *rail*?

....

....

b. Che cosa significa *rail*?

....

....

▶

c. Perché si usa questo nome per questo tipo di attrezzatura? Su che cosa scivolavano i primi *skaters*?

....

....

d. Quale nome italiano proponi?

....

....

- **Half-pipe**

a. Che tipo di attrezzatura è l'*half-pipe*?

....

....

b. Che cosa significa *pipe*?

....

....

c. Perché si usa questo nome?

....

....

d. Che cosa significa *half*?

....

....

e. Qual è la differenza tra l'*half-pipe* e il *pipe*?

....

....

f. Quale nome italiano proponi?

....

....

Angeli allo skate-park

Per analizzare

● Nel corso del capitolo 5, nel parchetto Filippo fa due tipi di incontri che, per ragioni diverse, gli provocano forti emozioni: tanto improvvisamente spuntano i quattro pattinatori con intenzioni minacciose, quanto dal nulla compare Rossella.

Ricorda che cosa è successo rispondendo alle domande.

L'incontro con i quattro pattinatori

1. In che modo Filippo conosce per la prima volta i quattro pattinatori?

....

....

2. Quale elemento del primo pattinatore colpisce subito Filippo? Chi gli ricorda?

....

....

3. Qual è l'abbigliamento del primo pattinatore?

....

....

4. Qual è la differenza fondamentale tra gli *skaters* e i pattinatori, che sembra annullare ogni punto in comune?

....

....

5. Perché i pattinatori sembrano a Filippo angeli che sbattono le ali?

....

....

6. Filippo, se non fosse stato per la battuta offensiva del capo, avrebbe trovato i pattinatori meravigliosi. Perché Franci non la pensa così?

....

....

▶

L'incontro con Rossella

1. In che modo Filippo conosce Rossella per la prima volta?

....

....

2. Chi è Rossella?

....

....

3. Come appare a Filippo?

....

....

4. Che cosa tira fuori dalla sacca Rossella?

....

....

5. Perché Filippo rimane particolarmente colpito?

....

....

6. Che cosa pensa Franci di Rossella?

....

....

Per riflettere e per scrivere

Il giudizio

▲ L'evento con cui si chiude il capitolo 5, cioè la scoperta che le bici di Filippo, Franci, Marco e Simone hanno tutte le ruote bucate, è al centro dell'interesse nel corso di tutto il capitolo 6. Le prime reazioni contro quel misterioso colpevole, del quale è difficile scoprire l'identità, sono dure. Si chiede l'ergastolo, quarant'anni di prigione, trent'anni almeno...

Esprimi ora la tua opinione su gesti simili a quello subito dagli amici dello skate-park rispondendo alle domande che seguono.

- A te è capitato di essere vittima di un atto vandalico?

....

- Qual è stata la tua reazione?

....

- Hai scoperto il colpevole?

....

- Come ti sei comportato con lui?

....

- Il suo atto è stato punito?

....

Prova ora a calarti nel ruolo di giudice ed esprimi la tua sentenza (in un massimo di 100 parole) per l'atto vandalico subito da Filippo, Franci, Marco e Simone.

....
....
....
....
....
....
....

Per analizzare

Dove osano gli skates

Valutiamo gli indiziati

● Quando gli animi sembrano finalmente calmi, un'altra brutta sorpresa scuote tutti i frequentatori dello skate-park: le attrezzature sono state danneggiate in modo vandalico. Chi può essere stato? Certo non una persona da sola, ma una banda di bulli. In quegli stessi giorni, Filippo viene infastidito proprio dal bullo della scuola.

Riassumi la vicenda completando il testo che segue con le espressioni e le frasi opportune.

Forse anche tu, dopo la scoperta delle biciclette con le ruote bucate, avrai subito pensato che i colpevoli fossero i quattro pattinatori. Infatti si sono presentati allo skate-park .... e se ne sono andati ....
Ma nessuno, né Filippo né i suoi amici, prende in seria considerazione la possibilità che siano stati loro a bucare le ruote, perché ....
All'inizio Spakky, più che un vero indiziato, sembra rappresentare l'esempio perfetto di ragazzo che avrebbe potuto bucare le ruote, cioè un tipo .... Ma non si vede la ragione per la quale Spakky in persona possa aver commesso quel gesto; infatti ....
Nei giorni successivi, dopo un altro atto vandalico perpetrato ai danni dello skate-park, il bullo della scuola ferma Filippo e lo minaccia; ma soprattutto pronuncia una frase («..») che sembra far comprendere tutto, e cioè che ....

Dove osano gli skates

A scuola

Per comprendere

■ In questo capitolo conosciamo meglio un altro degli ambienti frequentati quotidianamente da Filippo: la scuola.

Verifica le informazioni che hai raccolto a proposito della scuola di Filippo: metti una crocetta su V se le affermazioni sono vere e su F se sono false (in questo caso riscrivile correttamente nello spazio sottostante).

1. Filippo frequenta la scuola media Francotti. [V] [F]

....

2. Filippo frequenta la seconda H. [V] [F]

....

3. La classe di Filippo è relativamente tranquilla. [V] [F]

....

4. In matematica Filippo raggiunge a stento il giudizio di "sufficiente". [V] [F]

....

5. Nella scuola si segnala l'evacuazione con tre colpi consecutivi di campanello. [V] [F]

....

6. Dopo aver fatto la predica ad una classe il preside Balduccini suole ripetere: «Non ho più fiducia in voi». [V] [F]

....

7. Spakky, il teppista della scuola, è stato bocciato una volta. [V] [F]

....

Dove osano gli skates

Un terremoto di nome Spakky

Per comprendere

Spakky è un vero teppista, per il quale sembra non ci sia proprio nulla da fare: tutti gli adulti che gli hanno dato fiducia hanno accumulato solo dei fallimenti.

Ricorda i tentativi fatti dalle bidelle, dal professore di educazione fisica e dal preside e indica le corrispondenti reazioni di Spakky.

- *La pazienza delle bidelle*

....

....

....

....

....

- *L'offerta del professore di educazione fisica*

....

....

....

....

....

- *L'atteggiamento del preside*

....

....

....

....

....

lavoriamo sul testo

capitolo 7

Per analizzare

Dove osano gli skates

Le armi della gentilezza

● Il capitolo 7 è denso di avvenimenti. Filippo parla dei suoi sospetti agli amici e, mostrando una certa abilità per i ritratti, offre loro un identikit di Spakky. Il ritorno di Rossella al parco, accompagnata da altre due amiche, distrae per un po' Filippo – e non solo lui, ma anche Franci – dalla risoluzione del giallo. Ma un nuovo intervento della banda dei bulli e la raccolta di alcuni indizi che portano dritto a Spakky inducono Filippo ad affrontare in un faccia a faccia il presunto colpevole.

Filippo affronta Spakky in modo sorprendentemente efficace. Seguiamolo, individuando tra le due opzioni proposte quella che descrive meglio il suo atteggiamento.

1. Filippo trova che, per affrontare Spakky, la ricreazione sia il momento
- ☐ ideale.
- ☐ più rischioso, perché Spakky è sempre circondato dai suoi scagnozzi.

2. Filippo si avvicina a Spakky
- ☐ intimorito, ma deciso.
- ☐ spavaldo.

3. Filippo decide di non reagire all'offesa di Spakky
- ☐ per paura.
- ☐ per ragionamento.

4. Lo scopo principale di Filippo è
- ☐ vendicarsi.
- ☐ porre fine agli atti vandalici ai danni dello skate-park.

►

5. Filippo si rivolge a Spakky
- ☐ usando gli stessi modi aggressivi di Spakky.
- ☐ usando modi gentili opposti a quelli di Spakky.

6. Filippo, scegliendo di non insultare o di minacciare Spakky, ma di chiedergli scusa prima ancora di sapere che cosa gli avesse fatto, mostra di
- ☐ non avere fegato e di soccombere al più forte.
- ☐ avere un grande coraggio e una bella forza interiore.

7. La conversazione fra i due si conclude con Filippo che
- ☐ invita Spakky a raggiungerlo nel pomeriggio al parchetto per provare ad andare in skate.
- ☐ invita Spakky a non farsi più vedere al parchetto.

Per riflettere

Dove osano gli skates

Io, al posto suo...

■ Le armi della gentilezza e di un linguaggio di altri tempi spiazzano completamente il povero Spakky, tanto che sul momento egli non reagisce in alcun modo, nemmeno quando Filippo si offre di insegnargli ad andare sullo skate.

Rispondi alle seguenti domande esprimendo la tua opinione personale.

1. Tu che cosa pensi del comportamento di Filippo?

....

....

....

....

2. Ritieni che le maniere gentili siano sempre efficaci?

....

....

....

....

3. Tu, al posto di Spakky, avresti reagito nello stesso modo?

....

....

....

....

4. Quale avrebbe potuto essere la reazione di Spakky se Filippo lo avesse accusato in maniera esplicita di essere l'autore degli atti vandalici allo skate-park?

....

....

....

....

L'identikit

Per descrivere

▲ L'autrice si sofferma spesso a descrivere i tratti fisici dei personaggi come segno esteriore anche dei loro caratteri. In questo capitolo ella offre due tipi di descrizione: nel primo caso è lo "sguardo" di Filippo su Spakky, per fornire un identikit il più possibile oggettivo e affidabile; nel secondo caso è lo "sguardo" di Filippo su se stesso allo specchio: il suo modo di vedersi manca ancora di oggettività, come il contrasto tra il suo giudizio e quello degli adulti rivela.

Prova ora tu a cimentarti in uno dei due seguenti esercizi:

a. scegli un tuo compagno o una tua compagna e descrivine i tratti del volto, come se tu dovessi fornire l'identikit. Se vuoi, prova a farne il ritratto;

b. descrivi te stesso guardandoti allo specchio. Se vuoi, prova a fare il tuo ritratto.

Descrivo un mio compagno/una mia compagna

Com'è	*Il suo ritratto*
....	
....	
....	
....	
....	
....	
....	
....	
....	
....	
....	
....	
....	

Descrivo me stesso

Il mio ritratto

Come sono

....
....
....
....
....
....
....
....
....
....
....
....
....

lavoriamo sul testo
***capitolo* 8**

Per analizzare

Dove osano gli skates

L'apparenza inganna

● Nel capitolo 8 viviamo con Filippo l'ansia e l'attesa nell'incertezza dell'arrivo di Spakky al parchetto. Il ragazzo finalmente appare, circondato dalla sua banda.

Rileggi la descrizione dell'arrivo di Spakky al parchetto e rispondi alle domande.

1. Da quanti "amici" si fa accompagnare Spakky?

....

....

2. Perché?

....

....

3. Quale sentimento suscita in Filippo la "banda dei bulli"?

....

....

4. Che cosa pensa Spakky dell'offerta di Filippo di insegnargli ad andare in skate?

....

....

5. Con quali intenzioni Spakky va allo skate-park?

....

....

6. Da quali elementi dell'abbigliamento e del linguaggio usato si delinea l'aria minacciosa che il ragazzo vuole assumere?

....

....

7. Quali sono, invece, le sue reali intenzioni, di cui egli sembra quasi non accorgersi?

....

....

Dove osano gli skates

A scuola di skate

Per comprendere

■ Filippo, dopo un'estenuante trattativa, riesce a convincere Spakky a salire su quella "maledetta tavola".

Completa il testo che ripercorre la prima lezione di skate di Spakky.

La lezione si svolge in una zona del .... situata dalla parte .... a quella dello skate-park: Spakky non vuole nessuno intorno e per evitare brutte figure allontana persino i suoi ....

Purtroppo il "debutto" di Spakky non è dei migliori: come sale sullo skate va a .... contro qualcosa o finisce per ....

Spakky indossa .... inadatti a montare sullo skate: sono troppo alti, ... e .... e non permettono al piede di "sentire" la tavola.

Non riuscendo a fare progressi Spakky si mette a .... e se la prende con ....

Filippo lo esorta ad avere .... ma di tutta risposta Spakky gli urla che lui .... la pazienza e che odia anche lo ....

Nel tentativo di acciuffare Filippo per "strangolarlo" però qualcosa accade: senza volerlo Spakky si mette a .... e a spingersi sulla tavola nel modo giusto.

Spakky ce l'ha fatta!

Per scrivere

L'orgoglio di Ruggero

▲ La pacca sulla spalla che Ruggero dà a Filippo esprime più delle parole tutta la fierezza del fratello maggiore nei riguardi del fratellino che, dopo la prova di coraggio, merita di essere trattato alla pari. La storia non ci dice chi abbia raccontato a Ruggero le varie tappe del confronto Filippo-Spakky.

Immaginiamo che sia stato Franci a telefonare a Ruggero. Prova a ricostruire il dialogo telefonico tra i due ragazzi.

RUGGERO - *Pronto?*
FRANCI - *Ciao, Ruggero, sono Franci! Ti devo raccontare che cosa è stato capace di fare tuo fratello!*

....
....
....
....
....
....
....
....
....
....
....
....
....
....
....
....
....
....
....

lavoriamo sul testo
capitolo 9

L'incidente

Per comprendere e per scrivere

■ Nel capitolo 9 i ragazzi dello skate-park sono scossi da un nuovo incidente; questa volta, però, non si tratta di un atto di teppismo, ma di una brutta caduta di Franci. Spakky si trova suo malgrado coinvolto, nel ruolo inconsueto di soccorritore.

Per ricostruire la vicenda della caduta di Franci, poni la domanda giusta a ciascuna risposta che trovi di seguito.

1. ....
Mercoledì pomeriggio presto.

2. ....
Era riuscito ad organizzarsi molto bene per non trascurare la scuola.

3. ....
Non c'era nessuno.

4. ....
Era molto caldo.

5. ....
Per allenarsi in vista della manifestazione.

6. ....
Quattro giorni.

7. ....
No, si sentiva già pronto per affrontare i campioni stranieri.

8. ....
La tavola non era dove doveva essere ma dieci, quindici centimentri più avanti.

►

9. ....

La tibia della gamba destra.

10. ....

Grazie a Spakky.

11. ....

Voleva allenarsi da solo.

12. ....

No, non subito: pensava che Franci scherzasse.

13. ....

È scappato e poco dopo è tornato seguito da un'ambulanza.

Per riflettere

Dove osano gli skates

«Se si fa male un amico, è come se ti facessi male tu stesso»

● L'incidente di Franci rattrista tutti gli amici, e non solo perché perdono l'elemento più forte per la manifestazione. In più, la visita allo skate-park del vigile li fa riflettere sui rischi degli infortuni durante la pratica degli sport in genere e sulla necessità di strumenti di prevenzione e accessori di protezione.

Nello sport che tu pratichi (o che segui), quali sono le misure di prevenzione dagli infortuni che devi adottare? Quale equipaggiamento di protezione devi usare? Rispondi completando lo schema.

Sport ....
....
....
....

Misure di prevenzione ....
....
....
....
....
....
....

Equipaggiamento di protezione ....
....
....
....
....
....
....

Ritieni che tutto ciò sia utile o lo senti piuttosto come una costrizione?

▶

Racconta ora un episodio che ha riguardato te personalmente o qualcuno che conosci in cui l'uso di un accessorio di protezione (per esempio il casco durante una gita in bicicletta) è stato fondamentale per salvare la vita o comunque per evitare gravi danni alla salute.

Per analizzare

Le sorprese

● Nell'ultimo capitolo del romanzo, l'occasione della manifestazione allo skatepark fa riunire insieme i vari personaggi. Tutti sono molto emozionati e Filippo è continuamente sollecitato da nuove sorprese, che arrivano dalle persone a lui più care.

Rispondi alle seguenti domande.

1. Qual è la sorpresa di Franci?

....

....

2. Qual è la sorpresa della mamma?

....

....

3. Qual è la sorpresa del papà?

....

....

4. Qual è la sorpresa del nonno?

....

....

5. Infine, quali sono le sorprese di Rossella?

....

....

....

....

Una domenica speciale

Per comprendere

■ Filippo, quella domenica, è sin dal mattino proiettato verso la manifestazione allo skate-park.

Riordina, numerando, le tappe della giornata della manifestazione, qui di seguito elencate alla rinfusa (l'esercizio è avviato).

- [1] Filippo si sveglia di scatto.
- ☐ Filippo arriva allo skate-park un'ora prima dell'inizio della manifestazione.
- ☐ Gli *skaters* stranieri si esibiscono.
- ☐ Franci arriva su una sedia a rotelle.
- ☐ Tutti tranne Filippo applaudono con intensità e a lungo.
- ☐ Filippo trova in cucina la mamma che sta preparando il pranzo.
- ☐ Rossella sfiora la fronte di Filippo con un bacio.
- ☐ La mamma di Filippo si complimenta con Rossella.
- ☐ Filippo e gli amici dubitano che Massimiliano possa competere con gli stranieri.
- ☐ Il nonno regala a Filippo un skate.
- ☐ Gli *skaters* stranieri invitano i ragazzi italiani ad andarli a trovare.
- ☐ Rossella sparisce.
- ☐ Rossella si esibisce al posto di Franci.
- ☐ Filippo sistema il banchetto del ristoro.
- ☐ Rossella appare all'improvviso.

Per scrivere

I proverbi

▲ Filippo si serve di uno dei proverbi preferiti dalla nonna, "Chi non risica, non rosica", per sintetizzare la lezione che ha imparato dallo skate, cioè che occorre impegno per ottenere ciò che si desidera. Altri proverbi che ricorda sono: "Inutile fasciarsi la testa prima di esserse-la rotta" e "Col tempo e con la paglia maturano le nespole". Il proverbio è un bagaglio della saggezza popolare.

Tu conosci dei proverbi? Da chi li hai appresi?

....

....

....

....

Cita almeno tre proverbi, indicando le situazioni in cui te ne servi:

primo proverbio: ....

....

lo uso quando ....

....

secondo proverbio: ....

....

lo uso quando ....

....

terzo proverbio: ....

....

lo uso quando ....

....

LAVORIAMO SUL FILM

Sognando Beckham
di Gurinder Chadha

La scheda del film

Titolo originale:	*Bend it like Beckham*
Regia:	Gurinder Chadha
Origine:	Gran Bretagna, Germania, Stati Uniti, 2002
Durata:	112'
Distribuzione:	Lucky Red
Produzione:	Deepak Nayar Gurinder Chadha
Genere:	commedia
Sceneggiatura:	Gurinder Chadha Paul Mayeda Berges
Fotografia:	Jong Lin
Montaggio:	Justin Krist
Scenografia:	Nick Ellis
Costumi:	Radolph Holes
Musiche:	Craig Pruess

Personaggi e interpreti:

Jess Bhamra	Parminder Nagra
Jules Paxton	Keira Knightley
Joe	Jonathan Ryhs Meyers
Signor Bhamra	Anupam Kher
Signora Bhamra	Shaheen Khan
Pinky Bhamra	Archie Panjabi
Signor Paxton	John Harper
Signora Paxton	Juliet Stevenson

Prima di vedere il film

La regista

Gurinder Chadha, inglese di origine indiana, ha iniziato la sua carriera come reporter per la BBC. In seguito ha diretto premiati documentari per il British Film Institute, per la BBC e per Channel 4. Il suo primo film, *Picnic alla spiaggia*, ha ottenuto diversi premi internazionali, come il premio della giuria al Festival di Locarno. Il suo secondo film, *What's Cooking*, uscito negli Stati Uniti nel 2000 e nel resto del mondo nel 2001, ha ottenuto un grande successo sia da parte della critica sia da parte del pubblico.

Gli interpreti principali

Parminder Nagra (*Jess*) è nata a Leicester da una famiglia Panjabi (originaria del Punjab, regione del subcontinente indiano). *Sognando Beckham* è il suo film d'esordio, dopo aver lavorato in alcune serie televisive britanniche. «Il personaggio di Jess mi somiglia molto,» riconosce l'attrice, «è onesta, caparbia, è una piccola combattente sul campo e segue sempre il suo cuore come faccio io.»

Keira Knightley (*Jules*) ha cominciato sin da bambina a lavorare come attrice. Quando sono iniziate le riprese di *Sognando Beckham* aveva soltanto diciassette anni e aveva appena terminato gli esami di maturità. Ormai passata a Hollywood, ha ricevuto riconoscimenti per il suo ruolo in *Orgoglio e pregiudizio* e, più di recente, in *Pirati dei Caraibi: la maledizione del forziere fantasma.*

Jonathan Ryhs Meyers aveva già lavorato in numerosi film, ma *Sognando Beckham* – come ha confessato lo stesso attore – gli ha dato l'opportunità di interpretare un ragazzo normale, mentre fino ad allora gli avevano sempre assegnato ruoli di personaggi stravaganti. Dopo *Sognando Beckham* lo abbiamo rivisto in *Alexander*, *Match Point* di Woody Allen, *Mission impossible 3*.

La storia

La storia è incentrata sul sogno di una ragazza inglese di origine indiana, Jess, a cui piace il calcio, di arrivare a giocare al livello del suo "mito calcistico": David Beckham. Che cosa può fare Jess se non sognare, visto che è una ragazza e, per giunta, indiana?
Jess gioca a pallone nel parco sin da quando è piccola. Pur essendo fiera delle sue origini indiane e rispettosa delle tradizioni, per coltivare la sua passione deve in qualche modo uscire dagli schemi imposti dalla sua comunità.

L'incontro con un'altra ragazza, Jules, sembra permetterle di realizzare il sogno di giocare a calcio in una squadra vera. La bionda Jules è vivace e determinata. Va pazza per il calcio e sogna di andare a giocare negli Stati Uniti e diventare una professionista. Jules tiene molto alla squadra femminile in cui gioca come attaccante: per questo, non appena vede Jess nel parco destreggiarsi così bene con la palla, capisce che la ragazza potrebbe essere un ottimo elemento per la squadra.
Ma la passione di queste due ragazze per il gioco del calcio è ostacolata da una serie di persone che, per diverse forme di pregiudizio, pensano che questo non sia lo sport adatto a loro.
Fra quanti si oppongono al sogno di Jess e di Jules, ci sono le due rispettive madri. Nel film osserviamo che entrambe le madri vivono la loro femminilità in base alla cultura di appartenenza. Tutto questo si riflette anche sull'educazione delle figlie.
La mamma si aspetta che la figlia si comporti come una brava ragazza indiana, abile in cucina e nei lavori domestici. Desidera per lei un buon marito, che può essere soltanto indiano.
La madre di Jules vorrebbe che la figlia curasse di più la sua immagine femminile e dunque che fosse più attenta al trucco e al modo di vestirsi: in questo modo, secondo la madre, riuscirebbe a trovare un uomo giusto per lei.
Le madri vedono le figlie come donne, ma secondo gli schemi della loro generazione. La mentalità delle ragazze è diversa: Jess e Jules hanno altre aspirazioni, che non riguardano la ricerca di un uomo da sposare, e lottano per raggiungere i propri obiettivi.

Il significato del titolo

Il titolo originale, *Bend it like Beckham*, cioè "Dribblare come Beckham", sta proprio ad indicare il sogno di Jess di giocare a calcio come Beckham; la regista, che è anche la sceneggiatrice del film, spiega inoltre che la destrezza di Beckham nel giocare la palla è vista anche in senso metaforico come l'abilità delle protagoniste della pellicola nel "dribblare" le regole, per riuscire, senza drammatici conflitti con le rispettive famiglie, ad ottenere quello che desiderano.

Non si tratta di rompere con le regole e mettersi in contrasto con i genitori, ma di saper trovare un giusto equilibrio tra ciò che si vuole e ciò che i genitori vogliono.

Gli ambienti

La storia di Jess si svolge nei pressi di Londra e si sviluppa soprattutto in due ambienti, quello della famiglia, con tutta la comunità indiana di cui fa parte, e quello del calcio.

Parminder Nagra (*Jess*), che è veramente una ragazza inglese di origine indiana, ha trovato molti punti di contatto tra le situazioni familiari narrate nel film e quelle della sua vita reale, tanto da esclamare a volte, mentre giravano qualche scena: «Questa è mia madre! Questo è mio padre!» Sotto questo aspetto c'è stata una forte identificazione personale; mentre non è stata così immediata l'identificazione con la calciatrice. Parminder, infatti, come le altre attrici, non gioca realmente a calcio. È stato grazie all'allenatore Simon Clifford, con il quale ha provato e riprovato molte volte le scene di gioco, se è riuscita a raggiungere buoni risultati. Per migliorare, spesso ripeteva i movimenti appresi anche a casa, tanto da consumare l'erba del giardino!

Tutto questo lavoro le ha permesso di apprezzare di più il calcio. Prima, in una partita di calcio vedeva soltanto dei ragazzi che correvano dietro ad un pallone, e non ne capiva tanto il senso. Con il film si è resa conto che un calciatore, oltre che un atleta, deve essere anche un po' ballerino e un po' acrobata. Il calcio è, insomma, uno sport nel quale si fondono elementi diversi (sportivi e artistici) ed è un gioco in cui c'è un forte senso del ritmo.

L'allenamento non ha riguardato soltanto le ragazze che giocavano nella squadra di calcio. Jonathan Ryhs Meyers, *Joe* nel film, racconta che per preparare bene il suo ruolo si è allenato moltissimo insieme con le due protagoniste: «Non potevo pretendere cose che io non fossi in grado di fare» spiega l'attore. «Dovevo essere al 100% e dare il 10% in più di loro, perché ero l'allenatore. Dovevo essere il primo ad arrivare e l'ultimo ad andarmene».

A proposito del calcio femminile, l'interprete di *Jules*, Keira Knightley, dice in un'intervista: «In Inghilterra si pensa che noi ragazze non sappiamo giocare a calcio. Questo film mostra che siamo capaci, che è un gioco per tutti».

In effetti pare che la passione per il gioco del calcio abbia davvero catturato tutti nel corso delle riprese, come risulta dal racconto divertito della regista a proposito dell'ultima partita che è stata filmata, quella giocata in Germania. Le ragazze erano impazzite dalla gioia; erano così "cariche" nell'affrontare le tedesche che era difficile distinguere le attrici dalle vere calciatrici. Anche tutti i membri della troupe tifavano, come se non stessero girando un film, ma assistendo a una vera partita Germania-Inghilterra.

Sempre la regista, Gurinder Chadha, confessa che una delle sue battute preferite del film è quella in cui Jess dice: «Tutte sanno cucinare un *aloo gobi*, ma quante segnano come Beckham?»
Con queste parole la ragazza esprime tutta la difficoltà a restare in equilibrio tra i due mondi, quello della sua origine, la cultura indiana, e quello dei suoi sogni, il calcio.
Senz'altro per noi italiani è molto più familiare il mondo del calcio rispetto a quello delle tradizioni indiane. Per questo, prima di vedere il film, potrebbe essere utile sapere qualcosa di più a proposito dell'*aloo gobi*, piatto tipico della cucina indiana: secondo la mamma di Jess è indispensabile che ogni ragazza da marito lo sappia cucinare bene!
Con il nome *aloo gobi* si indicano i due ingredienti principali di questo piatto: la patata, *aloo*, e il cavolfiore, *gobi*.

La ricetta dell'aloo gobi

Ecco la ricetta per 2-3 persone:

- olio vegetale
- una grossa cipolla
- 1 mazzo di coriandolo fresco, gambo e foglie
- peperoncini verdi tritati finemente
- 1 cavolfiore grande tagliato in pezzi grossi di uguale misura
- 3 grosse patate, pelate e tagliate in pezzi uguali
- 1 barattolo di polpa di pomodoro
- zenzero fresco pelato e grattugiato (quanto basta)
- aglio tritato (quanto basta)
- semi di cumino (quanto basta)
- curcuma (quanto basta)
- paprica
- sale
- Garam Masala (misto di spezie: polvere di coriandolo, polvere di cumino, polvere di cannella, pepe nero, chiodi di garofano)

Prima di tutto occorre preparare la salsa curry, la base di molti piatti indiani.

Riscaldare mezza tazza di olio vegetale in una padella capiente.

Aggiungere la cipolla tritata e un cucchiaio di semi di cumino.

Stufare fino a quando la cipolla non prende un colore dorato.

Aggiungere i gambi del coriandolo, due cucchiaini di curcuma, due di sale e la paprica per dare colore; infine aggiungere i peperoncini tritati finemente e la polpa di pomodoro.

Aggiungere lo zenzero e l'aglio e mescolare bene.

Preparato il curry, si possono aggiungere i due ingredienti dell'aloo gobi, cioè le patate e il cavolfiore.

Bagnare il composto con un po' d'acqua (aggiungerne ancora nel corso della cottura se si asciuga troppo, ma evitare di fare l'aloo gobi troppo brodoso). Assicurarsi che le patate e il cavolfiore siano coperti dalla salsa.

Coprire e far cuocere per 20 minuti (o fino a quando le patate non saranno cotte).

Aggiungere due cucchiai di Garam Masala e spolverare con le foglie di coriandolo tritate, coprire e lasciare raffreddare.

Buon appetito e buona visione del film!

Dopo aver visto il film

Un giudizio a caldo...

... sul film

- Come hai trovato la storia? ....
- Quale scena ti ha colpito di più? ....
- Quale battuta ricordi? ....
- Come hai trovato le musiche? ....
- Ti sono piaciuti i costumi? ....
- C'è qualcosa del film che non ti ha convinto? ....
- Quale attore/attrice ti è sembrato/a più bravo/a? Perché? ....

... sui personaggi

Descrivi il carattere di ciascun personaggio con tre aggettivi.

Jess ....
....
....

Jules ....
....
....

Joe ....
....
....

Pinky ....
....
....

Tony ....
....
....

La madre di Jess ....
....
....

Il padre di Jess ....
....
....

La madre di Jules ....
....
....

Il padre di Jules ....
....
....

Analizziamo il film

Qualunque sia stato il tuo giudizio, cerca ora di analizzare il film, selezionandone alcuni aspetti e riprendendo alcuni dei temi trattati.

Cominciamo dalle ambientazioni.

Le ambientazioni

Molte scene del film si svolgono a casa di Jess e anche a casa di Jules.

Vediamo se ti ricordi alcuni particolari.

1. Jess abita

☐ in un quartiere del centro della città.

☐ nei pressi dell'aeroporto.

☐ in un quartiere povero.

2. Entrambe le ragazze abitano

☐ in una villetta a più piani.

☐ in un palazzo.

☐ in un grattacielo.

3. In giardino, Jules ha messo

☐ dei vasi di fiori che cura personalmente.

☐ una porta per allenarsi.

☐ un tavolo per fare colazione all'aperto.

4. Per il fidanzamento della sorella Pinky, la casa di Jess è stata decorata con

☐ ghirlande di fiori.

☐ fili di luci.

☐ scritte di auguri.

5. La camera di Jess è tappezzata di

☐ foto di cantanti.

☐ foto di Beckham.

☐ sue foto.

Le ambientazioni esterne

Molte delle scene esterne sono girate al parco o nel campo di calcio.

- Tra i personaggi del film, chi frequenta il parco? ....
....
....
....

- Quali attività fanno nel parco i personaggi individuati?.....
....
....
....

- Quali scene si svolgono nel campo di calcio? ....
....
....
....

- Ricordi qualche scena di sera, in cui il campo di calcio è illuminato dai lampioni? Quale? ....
....
....
....

Altre scene esterne

- Perché spesso sono inquadrati aerei che atterrano o decollano e si parla di frequente di aeroporto? ....
....
....
....

- Quando Jess va con Jules a comprare le scarpe nel centro di Londra, quali immagini si vedono della città? ....
....
....
....

- Quando le ragazze vanno a giocare contro una squadra tedesca, il film mostra alcune immagini di Amburgo. Con quale mezzo di trasporto visitano la città? ....
....
....
....

Il calcio femminile

Quando si parla della grandissima popolarità del calcio, il riferimento è senza dubbio al calcio maschile e ai grandi campioni, diventati famosi come vere e proprie star. Il settore calcistico femminile, invece, ha uno sviluppo più lento, meno evidente e, come il film mostra, incontra ancora forti resistenze ed è oggetto di pregiudizi da parte di quanti, considerando erroneamente il calcio uno sport esclusivamente maschile, ritengono che una calciatrice perda tutta la sua femminilità.

Nel film la mamma di Jess e la mamma di Jules rappresentano bene questa mentalità. Che cosa temono infatti per le loro figlie?

Di seguito troverai una serie di "paure" espresse nel corso del film e dovrai attribuirle alla mamma di Jess o alla mamma di Jules. Alcune di queste "paure" non potranno essere attribuite né all'una né all'altra, perché sono i timori di un altro genitore.

che le vengano i polpacci grossi / che diventi troppo scura con il sole / che non sia accettata dalla squadra / che tutti le vedano le gambe nude / che subisca discriminazioni razziali / che i ragazzi non la guardino / che nutra false speranze / che sia poco femminile / che nessuno la voglia come nuora

Madre di Jess	**Madre di Jules**
....	....
....	....
....	....
....	....
....	....
....	....

- Quali sono i timori che non hai associato a nessuna delle due mamme?..
....
....

- A chi sono da attribuire?..
....

•.Qual è il motivo delle resistenze opposte da questo personaggio? ....

....

....

• Qual è l'unico genitore che sin dall'inizio appoggia e incoraggia la figlia a coltivare la sua passione per il calcio?

....

....

....

• Anche gli altri genitori alla fine accettano che le figlie giochino a calcio, poiché essi desiderano prima di tutto la loro felicità. Descrivi alcune scene in cui queste persone mostrano lo sforzo di superare le proprie resistenze. ....

....

....

....

• I pregiudizi nei confronti delle ragazze che giocano a calcio non sono soltanto degli adulti, ma anche degli stessi ragazzi, come quelli del parco. Ti ricordi alcuni loro commenti? ....

....

....

....

Un tuo giudizio. Com'è stato trattato il tema del calcio?.

....

....

....

....

Il rispetto delle tradizioni

Nella famiglia di Jess convivono due tendenze talvolta contrastanti: da una parte quella molto forte di conservare le tradizioni indiane, sebbene la famiglia viva da lungo tempo in Gran Bretagna; dall'altra quella di stare al passo con il progresso. Queste due opposte tendenze si esprimono anche attraverso alcuni dettagli esteriori, come l'abbigliamento e gli apparecchi tecnologici presenti a casa di Jess.

L'abbigliamento

Prendi in esame ciascun membro della famiglia di Jess e descrivi come si veste nella vita di tutti i giorni e come si veste nelle occasioni di festa, sottolineando se sia più forte l'abitudine di indossare capi tradizionali indiani o quella di seguire la moda occidentale.

	Nella vita di tutti i giorni	**Nelle occasioni di festa**
La madre di Jess	....	....
Il padre di Jess	....	....
La sorella di Jess	....	....
Jess	....	....

Dall'analisi delle abitudini di ciascun componente della famiglia, avrai osservato una differenza generazionale, cioè tra i genitori da una parte, che tendono a vestirsi ...., e le figlie dall'altra, che tendono a vestirsi ...., con l'eccezione di ....

La tecnologia

Durante la cerimonia di fidanzamento della sorella di Jess, squilla un cellulare.

- Che cosa succede? ....
- A chi suona in effetti il telefono? ....
- Come reagisce? ....

• Nel salotto della casa di Jess, oltre al televisore, ci sono anche altri apparecchi? Se sì, quali? ....

....

....

• In una scena, la mamma di Jess, parlando con il marito, ricorda che hanno sempre soddisfatto tutti i desideri delle figlie. Che cosa hanno comprato a Pinky? ....
Che cosa hanno comprato a Jess? ....

• Della famiglia di Jess, chi guarda soprattutto la televisione?

....

• Quali programmi guarda? ....

....

• Dai dettagli che puoi aver raccolto, hai l'impressione che siano davvero soltanto le giovani generazioni ad essere catturate dal progresso tecnologico? ....

....

....

Un tuo giudizio. Com'è stato trattato il tema delle tradizioni?

....

....

....

....

Genitori e figli

Analizza il rapporto che i giovani del film hanno con i propri genitori; in particolare, per ciascuno di essi indica se ha un dialogo aperto, anche a costo di qualche discussione, oppure se tende a nascondere qualcosa per evitare problemi e quali tipi di bugie eventualmente racconta.

Jess ....

....

....

Jules ....

....

....

Pinky ....

....

....

Joe ....

....

....

> *Un tuo giudizio. Com'è stato sviluppato il tema del rapporto tra genitori e figli?*
>
> ....
>
> ....
>
> ....

Amicizie

Oltre alle relazioni familiari da gestire, Jess si trova coinvolta anche in tipi diversi di amicizia, rispettivamente con Tony, Jules e Joe.
Descrivi le tre amicizie:

con Tony ....

....

....

con Jules ....

....

....

con Joe ....

....

....

• Secondo te, in quale situazione Jess si è dimostrata una vera amica? ....

....

....

• Ritieni che Jules avesse ragione a sentirsi tradita da Jess? Se sì, perché? ....

....

....

....

• Che cosa pensi del modo in cui si è comportato Joe? ....

....

....

....

• In che modo il calcio, in particolare lo spirito di squadra, aiuta Jules e Jess a risolvere i conflitti personali? ....

....

....

....

Un tuo giudizio. Com'è stato trattato il tema delle amicizie?

....

....

....

....

Un commento personale

• Ora, ripensando al film nel suo insieme, qual è la tua opinione sul modo in cui sono trattati temi importanti e complessi come i conflitti culturali e generazionali? ....

....

....

....

....

• Le situazioni e i personaggi descritti sono realistici o paradossali? ....

....

....

....

....

• Quale messaggio ritieni che la regista abbia voluto trasmettere? ....
....
....
....
....

• Pensi che ci sia riuscita? ....
....
....
....
....

• Esprimi un tuo giudizio sulla qualità del film e indica a quali categorie di persone ne consiglieresti la visione. ....
....
....
....
....
....
....
....

Sei uno spettatore a cui non sfugge nulla?

Questo esercizio si deve svolgere preferibilmente in classe, affinché i concorrenti non cedano alla tentazione di sbirciare le soluzioni.

1. In quale ambiente incontriamo per la prima volta Jules insieme con la mamma?
2. Con quale maglia Jess si presenta al primo allenamento con la squadra femminile?
3. Che cosa frena Jess dal mettersi in pantaloncini corti?
4. A quale ginocchio si è fatto male Joe?
5. Dove trova Jess una foto di Joe e Jules?
6. In una scena del film Jess e Jules prendono la metropolitana e arrivano in una stazione famosa del centro di Londra. Quale?
7. Di che colore sono i fiocchi sulle scarpe della mamma di Jules, che Jess indossa per la festa di matrimonio della sorella?
8. Qual è il nome completo di Jess?
9. Quale scritta compare sul pulmino della squadra di Jules e Jess?
10. Chi si vede passare all'aeroporto, prima che Jess e Jules partano per gli Stati Uniti?

Se hai risposto a 7 o più domande, hai un *occhio di lince*.
Se hai risposto a 4, 5 o 6 domande, hai un *occhio di bue*.
Se hai risposto a meno di 4 domande, hai un *occhio di talpa*.

Le soluzioni
1. In un negozio di biancheria intima.
2. Con la maglia di Beckham, con il numero 7.
3. La cicatrice sulla gamba.
4. Sinistro.
5. In camera di Jules.
6. Piccadilly.
7. Rossi.
8. Jesminder.
9. Yeading Football Club.
10. Beckham.

Indice